塑卓越之基

义煤集团班组建设工作法

SU ZHUOYUE ZHI JI

YIMEI JITUAN BANZU JIANSHE GONGZUOFA

乔国厚　宋建华◎主编

中国工人出版社

图书在版编目(CIP)数据

塑卓越之基:义煤集团班组建设工作法 / 乔国厚,宋建华主编.
—北京:中国工人出版社,2013.3

ISBN 978-7-5008-5471-5

Ⅰ.①塑… Ⅱ.①乔…②宋… Ⅲ.①煤矿—生产小组—班组管理—河南省 Ⅳ.①F426.216.6

中国版本图书馆CIP数据核字(2013)第047447号

塑卓越之基:义煤集团班组建设工作法

出 版 人 李庆堂
责任编辑 姚 远 赖紫薇 石钰艳
责任校对 孙乃伟
责任印刷 马东旭
出版发行 中国工人出版社(北京市东城区鼓楼外大街45号 邮编:100120)
网 址 http://www.wp-china.com
电 话 010-62350006(总编室) 010-62382376(职工教育分社)
010-82075964(传真)
发行热线 010-62005996 82075964(传真)
读者服务 010-62389465
经 销 各地书店
印 刷 北京睿特印刷厂
开 本 680毫米×950毫米 1/16
印 张 10.25
字 数 120千
版 次 2013年5月第1版 2013年5月第1次印刷
定 价 25.00元

塑卓越之基
义煤集团班组建设工作法

编　委　会

主　编 zhu bian　　乔国厚　宋建华

副主编 fu zhu bian　　陈红伟　段明道　李彦智　卫阿娜(女)

编辑人员 bian ji ren yuan（按姓氏笔画）　　孔　浩　李矿军　李炎生　陈经纬
赵月圆　姚红军　苑金良　袁洛平
黄小兵　董顺喜

创新班组管理文化，塑造班组建设模式；
夯实班组建设平台，打牢企业发展基石。

目 录

前 言 …………………………………………………… 1

第一章 卓越发展在班组 1

第一节 班组建设是企业发展的时代要求 ……………… 2
一、企业根基在班组 …………………………………… 2
二、班组建设是国企的重点工作 ……………………… 2
第二节 班组建设是组织发展的基石 …………………… 3
一、卓越企业看基层 …………………………………… 3
二、规避厄运靠班组 …………………………………… 4
第三节 煤矿企业发展主要在班组 ……………………… 6
一、企业管理在班组 …………………………………… 6
二、任务完成在班组 …………………………………… 8
三、制度落实在班组 …………………………………… 9
四、职工发展在班组 …………………………………… 10
五、人才创新在班组 …………………………………… 10
六、煤矿安全在班组 …………………………………… 11

第二章 班组建设有思路 15

第一节 班组建设实施了“两个工程” ………………… 16
一、班组建设实现了“使命工程” …………………… 16

二、班组建设实施了“一把手工程” …… 17
第二节 班组建设讲“三性” …… 18
一、班组建设原则讲根本性 …… 18
二、班组建设目标讲实效性 …… 19
三、班组建设内容讲统筹性 …… 19
第三节 班组建设有基础 …… 20
一、班组制度建设 …… 20
二、班组长队伍建设 …… 21
三、班组职工队伍建设 …… 22
四、班组现场管理建设 …… 24
五、班组安全文化建设 …… 25
六、班组台账管理建设 …… 29
七、考核奖罚办法建设 …… 30
第三章 班组建设有方法 31
第一节 “三三一”班组建设新模式 …… 32
一、“三动”合力 …… 32
二、“三环”联保 …… 34
三、一个“办法” …… 36
第二节 班组建设“十三法” …… 37
一、一把手工程法 …… 37
二、制度规范法 …… 38
三、考核奖惩法 …… 40
四、联动工作法 …… 41
五、区队主体法 …… 42
六、现场管理法 …… 43
七、素质提升法 …… 44
八、公推公选法 …… 45

九、责任抵押法 …………………………………… 46
十、星级攀升法 …………………………………… 47
十一、人本和谐法 ………………………………… 48
十二、亲情感恩法 ………………………………… 49
十三、典型引领法 ………………………………… 49

第四章 班组建设有成就 51

第一节 固本强基塑文化，组织有力保安全 ………… 52
一、提高认识，加强领导，扎实推进 ……………… 52
二、完善“五个机制”，确保班组建设规范有效运行 … 53
三、班组建设“四三”管理法 …………………… 58
第二节 创新为根，精神为本 ……………………… 61
一、精心组织，着力推进班组建设 ……………… 61
二、“1221”班组建设新模式 …………………… 62
三、提高水平，筑牢安全生产根基 ……………… 67
第三节 公推公选班组长，管理创新增活力 ……… 70
一、“二一三四”班组长公推公选法 …………… 71
二、完善“三大机制” ………………………… 73
三、建立“一二一四五”管理新体制 …………… 74
第四节 选好用好班组长，建立班组新体制 ……… 77
一、建立班组管理新体制 ……………………… 77
二、重视发挥班组长作用，培育良好的团队精神 …… 78
三、加强教育培训，全面提升班组长素质 ………… 79
第五节 塑造安全文化，保障安全运行 …………… 81
一、强化班组制度文化建设，规范班组安全
建设活动 ……………………………………… 81
二、培养班组精神文化，促进职工行为意识养成 …… 83
三、塑造班组人本文化，营造企业和谐亲情氛围 …… 84

四、建设班组人才文化，打造职工成才摇篮 …………… 86
五、创新班组管理文化，提升班组管理水平 …………… 88
第六节　以人为本，丰富载体 …………………………… 90
一、统一思想、围绕中心，夯实班组建设基础 ………… 90
二、以人为本、因地制宜，创新班组建设活动载体 …… 92
三、创新教育培训体制，提升班组长整体素质 ……… 94

第五章　班组建设新战略　97

第一节　班组建设新发展 ……………………………… 98
一、班组建设“四成效” ……………………………… 98
二、新阶段、新定位 …………………………………… 99
三、班组建设“四自目标”与“八项工作” ………… 99
第二节　班组建设三年战略规划 ……………………… 100
一、“12345”模式 …………………………………… 100
二、2012——班组建设赋能建模年 ………………… 101
三、2013——班组建设建标升级年 ………………… 101
四、2014——班组建设达标推广年 ………………… 102

附　录　103

附录一　关于颁发《义煤集团公司班组安全建设实施办法（试行）》的通知 …………………………………………… 104
附录二　关于开展班组建设“星级攀升”竞赛活动的通知 ……………………………………………………… 121
附录三　关于强力推进班组建设活动的指导意见 ……… 128
附录四　2012 年义煤集团班组建设考核评比标准 ……… 134
附录五　关于印发《义煤集团班组建设工作条例（暂行）》的通知 ……………………………………………………… 141

前 言

义煤，仿佛一颗镶嵌在黄河金腰带上的璀璨明珠，犹如一颗闪烁在中原大地的灿烂星辰，用她义达天下、煤送光明的精神为祖国奉献着滚滚乌金，为人们传递着大爱真情与炽热光焰。

义煤集团，东临九朝古都洛阳，西接黄河明珠三门峡，北靠连霍高速公路，南临陇海铁路、310 国道，不仅是举世闻名的仰韶文化发源地和秦、赵会盟故地，更蕴藏着丰富的煤炭资源。

义马煤业集团股份有限公司是国有特大型煤炭企业，原为义马矿务局，1997 年 12 月改制为国有独资的义马煤业（集团）有限责任公司，2008 年 12 月改为义马煤业集团股份有限公司。2010 年成功实现上市，旗下目前拥有 1 个上市公司、12 个分公司、10 个全资公司、15 个控股公司、13 个参股公司、14 个专业性机构和 3 个筹建处。现有职工 6 万余人，资产总额 400 多亿元，矿区地跨河南、新疆、青海、山西、内蒙古等 5 省（区），原煤产能 3000 多万吨。所产焦煤、贫瘦煤、无烟煤和洗精煤广泛应用于发电、造气、工业锅炉、炼焦和建材等行业，产品广销国内 20 多个省区，同时还涉足煤机制造、发电、氧化铝、煤化工等领域。

“十一五”前，义煤集团一直靠煤炭开采独撑大局，产业和产品结构单一，缺乏市场竞争力。上世纪 80 年代末，年度产煤突破 1000 万吨，跨入特大型煤炭企业行列。90 年代末，在煤炭市场疲软的形势下，义煤集团产业结构单一的弊端开始显现，产量骤降到 600 万吨，企业陷入困境。进入新世纪后，通过调整产业和产品结构，产量缓慢回升。

2007 年年初，义煤集团新一届领导班子以邓小平理论和“三个代表”重要思想为指导，认真落实科学发展观，确立了“和谐友好科学发展，两大跨越又好又快；大型集团行业聚集，外向拓展相关多元；煤化基础结构升级，运转高效现代制度；企业增效职工富裕，本质安全平安义煤”的总体指导思想，按照“强势起步、科学跨越、乘势腾飞”的“三步走”发展战略，牢牢把握发展这一主题，以建设千亿级大型企业集团为目标，走出了一条科学发展的成功之路。

“十一五”期间，义煤集团原煤产量由 1670 万吨提升到 3120 万吨，经营总额由 60 亿元提升到 207 亿元以上，资产总额由 87 亿元提升到 400 亿元以上，职工年收入由 16000 元提升到 47000 多元；“十一五”期间，义煤集团灵活运用加减乘除模式，紧紧围绕煤、煤化工、铝三大主业，拉长产业链条，加大自主创新力度，大力发展新能源经济，经济结构由外延粗放型向以科技创新为支撑点的内涵集约型转变；“十一五”期间，义煤集团战略新兴产业迅速崛起，从根本上增强了企业的竞争力和可持续发展能力，成为河南省发展速度最快的企业之一，综合实力跻身河南省工业企业“第一方阵”，在全国企业 500 强中的排名由第 490 位上升到 339 位，同时位列全国煤炭企业 100 强和产量 50 强的第 26 位和第 25 位。

随着大有能源公司的成功上市，义煤进入了另一个发展机遇期。2012 年 10 月 26 日，大有能源成功增发 75. 39 亿元，这标志着义煤产融结合的发展模式取得重大突破，“紧密相关多元协调发展”、“资本化、国际化、产业化、高端化”、“产融结合”等战略思想已经成为义煤发展的新的触发点。“义煤梦”也已经成为义煤人的共识，那就是“到 2020 年，步入世界一流企业行列，产融发展模式更加成熟更加完善，在经济全球化进程中处于领先地位。”

义煤近六年的发展，是扩大内涵再生产的六年，是义煤大发展、大跨越的六年，也是义煤发展史上多项指标纪录多次被刷新的六年，更是为今后发展奠定基础、预示着义煤美好前景的六年。义煤近年的发展，创造了义煤成功开辟科学、高效、和谐、安全发展的创新型、跨越式发展的新模式，成就了抢抓机遇、变革创新、做强做大的跨越式梦想，走出了一条富有“义煤特色”的发展之路，开创了企业科学发展的新纪元。

近年来，义马煤业集团先后被评为“河南省改革开放30年卓越贡献国有企业”、“河南省利税百强企业”、“全国节能减排十大功勋企业”、“7.29抢险英雄集体”、“中国文化管理典范单位”、“全国首批煤炭AAA级信用企业”，荣获“河南省工业突出贡献奖”、“全国五一劳动奖状”等称号。

为什么义煤集团能保持蓬勃发展的良好势头？答案就是：坚持科学发展观，强基固本，重视班组建设。

长期以来，义煤集团牢固树立“抓安全就是抓发展”的理念，坚持以“零”事故奋斗目标为引领，以治理重大灾害为中心，以强化班组建设为基础，着力构建“理念引领、管理科学、技术支撑、文化固本、救援有力”的五大防控体系，全面提升矿井安全保障能力，煤矿安全指数评价体系和“底板型冲击地压防治技术”达到国际先进水平。2010年9月28日，时任共中央政治局委员、国务院副总理张德江作出重要批示：“河南义煤集团全面加强安全生产的经验很宝贵，要认真总结，在全国推广。”中央领导的重要批示，既是对义煤集团辉煌成就的肯定，也是对广大干部的极大鼓舞和鞭策。

2013年3月

第一章

卓越发展在班组

“企业千条线，班组一针穿”，班组是企业最小的经营管理单位，企业的生产运营指标，最终要基于班组而实现。因而，班组是实践科学发展观、构建和谐社会、落实企业战略的最终落脚点，是企业的核心竞争力。

第一节 班组建设是企业发展的时代要求

一、企业根基在班组

基础不牢，地动山摇，脱离了夯实的班组基础，企业如同没有根基的大楼，或许可以兴旺一时，但难以长久稳固发展。纵观世界500强企业和国内优秀企业，均有夯实的班组管理根基、高素质的基层职工队伍作为保障。夯实的班组管理基础，高素质的基层职工队伍是企业实现又好又快发展的基础条件。

二、班组建设是国企的重点工作

当前，班组建设已成为国资委的一项重要战略部署，已经成为国有企业的一项重点工作。从2003年的启动阶段到2009年，班组建设已进入了全面深化阶段。2009年，国资委出台了《关于加强班组建设的指导意见》，对班组建设的原则、目标、内容进行了详尽的阐释和指导。各行各业的班组建设工作也掀起了热潮，纷纷开展创建特色班组管理模式，基层班组长胜任力提升，基层职工潜能激活的系统夯基工程。班组建设已经成为当前国有企业的时代主题。

2003年时任国资委主任李荣融在央企学习型红旗班组推进会上的讲话中提到："看企业有没有竞争力，关键要看班组、看岗位。没有优秀的班组作为基石，企业的腾飞就是一句空话。"

2006年国资委提出央企班组建设的三年工作目标："力争经过三年左右时间，把班组长普遍培训一遍，使中央企业90%以上班组成为合格班组、90%以上班组长成为合格班组长，并培养和选树一批优秀标兵班组、优秀标兵班组长”。

国资委【2009】52 号文件强调：“班组和班组长队伍建设，要向工作内容指标化、工作要求标准化、工作步骤程序化、工作考核数据化、工作管理系统化方向发展”。

图 1　国资委对班组建设的阶段要求

第二节
班组建设是组织发展的基石

一、卓越企业看基层

班组是企业的最小执行单位，是战略落实的基点，一切战略目标必然落地于班组；

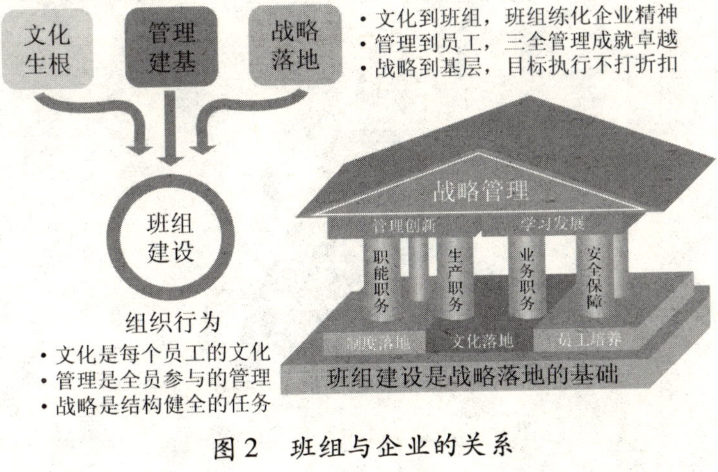

图 2　班组与企业的关系

班组是文化培育的土壤，企业文化落地、生根、发芽于班组；
班组是制度落地的基础，制度只有落实到基层才是真正的落实；
班组是人才培养的摇篮，人才素养、能力的养成80%靠班组；
班组是安全生产的主体，是安全管理的前沿阵地和基础；
班组是企业效益的源泉，成本控制的90%发生于班组；
班组是质量管理的保障，产品质量的90%形成于班组；
……

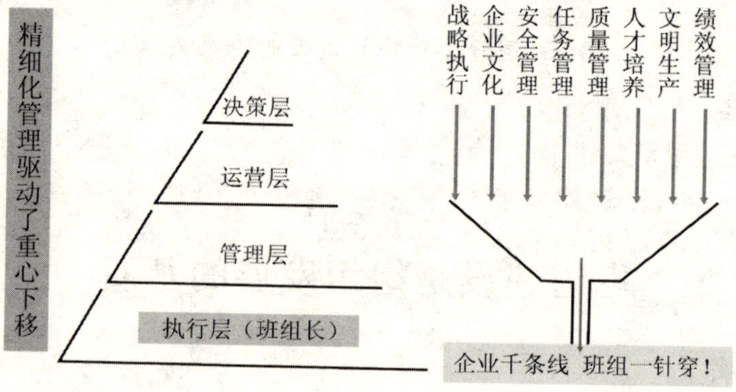

图3 卓越企业看基层

二、规避厄运靠班组

企业的执行系统，由上至下逐层递减，最终落实到基层，只能

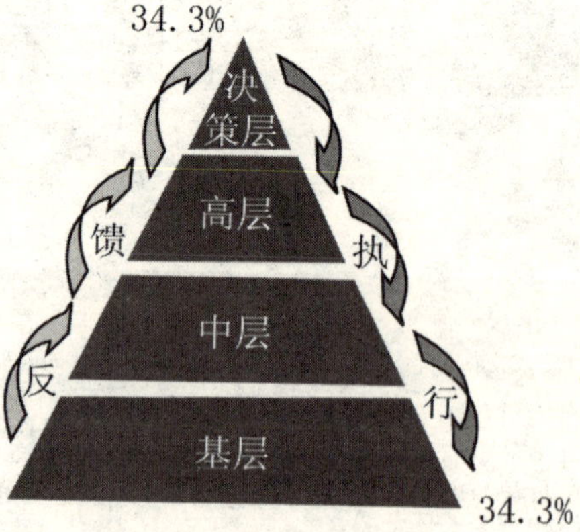

图4 企业的执行与反馈系统

实现34.3%的执行效果；企业的反馈系统由下至上逐层递减，最终只能将34.3%的信息反馈到决策层，如图4所示。

1. 没有班组建设，企业文化不能生根

中国企业在文化建设方面普遍存在的难题，就是文化建设仅仅表现为中高层提出的空泛口号，难以在基层深刻体现，实现对职工进行规范行为、统一目标、形成统一价值观、思维模式和行动准则的化育。文化无法生根在基层，正是因为基层组织建设的不健全，基层管理的缺乏完善，无法提供文化孕育的土壤。

2. 没有班组建设，企业战略难以贯彻落实

企业战略能否执行取决于战略目标的逐层分解、不断细化，并最终落实到每一位基层职工的身上，战略目标能否最终实现取决于基层人员的胜任能力和职业素养。

3. 没有班组建设，执行力就会大打折扣

任务的完成取决于高效的执行，没有执行力，再理想的目标也不会实现，再正确的策略也不会发挥其应有的作用。基层职工队伍作为企业工作任务最直接的执行者和实施者，任何一项任务的实现程度直接取决于基层执行力的大小。

4. 没有班组建设，企业的安全管理就没有保障

安全是煤矿企业的生命线，班组是安全生产的第一道防线。通过加强班组建设，健全安全管理制度，建设安全文化，树立安全意识是企业实现安全管理的根本保障。

5. 没有班组建设，文件、制度形同虚设

文件、制度是一套，行为是另一套，基层职工虽然知道，但是不自觉遵守、做不到，实际行为与要求相脱离。

6. 没有班组建设，精细化就是一句空话

没有全体职工的参与，没有一支具有精细化意识的职工队伍，精细化管理最终只会只见口号不见效果。精细化管理是一项基层管

理模式的再造工程，是一项全员精细化意识塑造的文化化育工程。

7. 没有班组建设，企业创新就没有活力

创新的活力源泉来自于基层，没有激活基层职工的潜能，没有调动起基层职工的积极性，没有完善基层职工的创新提案、激励、应用等机制，那么企业所谓的创新工程就是“作秀”。

8. 没有班组建设，人才梯队就没有根基

基层职工队伍是企业最大的人才资源库，一个人能力和素养的养成80%形成于班组。企业的人才队伍建设，若不从基层抓起，不建设起基层职工队伍的人才培养机制和职业化发展规划轨道，企业的人才队伍建设就会后继乏力。

总之，班组是企业的根基，基础不牢，地动山摇。义马煤业集团股份有限公司领导班子高屋建瓴：卓越企业赢在基层——班组是企业的细胞，细胞无活力，企业必然发展乏力。由此，在2011年义煤集团如火如荼地开展了基层班组建设工作。

第三节
煤矿企业发展主要在班组

班组在煤矿企业中的作用与其在企业中的地位密不可分，如同楼基不固，楼则不牢一样。班组在煤矿企业安全生产中的作用发挥的好坏，以及发挥的程度直接影响着企业整体生产任务的完成，甚至还会对国家和人民的生命财产安全带来巨大的影响。

一、企业管理在班组

企业管理具有层次性、类别性的特点，班组是企业管理的最基本层次，也是按工作性质将职工组织起来的最基本单位。因此，对

职工的管理，首先要依靠班组进行，如安全生产指标的完成情况、职工的表现与素质状况、工作纪律的执行等都基于班组的管理工作。班组管理水平的高低影响并决定着企业的整体管理水平；班组的活力推动企业的创新；班组文化建设促进企业文化建设；班组精神是企业精神的具体表现。一句话，企业管理必须打好班组这个基础，只有通过良好的班组管理，才能提高企业管理素质和水平。

（一）高素质的班组才能高素质地完成安全生产任务

1. 从管理学的角度来讲，班组在决策、管理、执行等层次中属于执行者

企业的任何一项工作最终都要落实到班组来完成。任何一项措施的执行、技术的运用、理论的创新都需要通过班组实践得到实现。企业的执行力要在班组中体现，企业的效益要通过班组实现，安全生产要通过班组来保证，企业文化要靠班组来践行，这一切都需要班组具备较高的素质水准。

2. 从组织形式的角度讲，班组是职工参与企业安全生产活动最基本的组织形式，任何一项工作任务最终都要具体到个人、落实到班组。

3. 从绩效考核的角度讲，工作量考核是以班组 8 小时的工作时间单位为标准

班组只有在规定工作时间内完成当班任务，并通过有关考核，才能得到相应的报酬。因此，在工作量与报酬直接挂钩的情况下，完成当班任务是班组最重要的职责。

班组虽然只是企业整体的一个小部分，但如果与企业整体脱节，完不成既定的安全生产任务，就会破坏企业的均衡生产。班组作为企业生产组织的终端，不仅肩负着极其繁重的任务，还必然会遇到许多无法预知的艰难险阻。班组要完成企业下达的各项目标任务，

就必须加强学习创新，提高整体素质，搞好团队建设；要求全体成员充分发挥爱岗敬业、团结协作、顽强拼搏的团队精神，牢固树立大局意识、必胜信念，才能进一步提高班组的执行力、凝聚力、战斗力。

（二）加强企业成本管理要从班组入手

随着企业市场竞争的加剧，生产成本的高低，在一定程度上决定了企业的生存和发展。班组工作在生产一线，也是材料的消耗者。

1. 调动班组职工在成本管理上的积极性，这对降低成本起着至关重要的作用

实行班组材料成本管理，能够使班组及时掌握当天材料消耗情况，了解当班的管理成果，及时发现并解决管理中存在的问题，增强班组管理的针对性和实效性。

2. 搞好成本管理，成本计划是关键

成本计划必须结合现场实际和安全质量的标准要求进行制订，使之达到先进化、合理化。

3. 要增强全员成本意识，建立目标成本责任制，提高企业经济效益

要教育班组全体职工牢固树立“节约就是收入”、“节约就是效益”的观念，从思想观念上入手，抓住原始成本费用发源点，制定适合工作实际的成本管理制度，控制班组成本浪费的发生。必须把成本预算指标分解到岗位，调动班组抓好成本管理的积极性，通过加强班组源头的成本管理，达到提高效率、减少消耗的目的，使节约变成班组的自觉行为。

二、任务完成在班组

整个企业的安全生产活动，就是一个产品的制造过程。这个过

程有长有短，但是衔接整个流程的，是一个个班组，每个班组都是其中的一个环节。所以，每一个环节的相互衔接都是至关重要的。

不论是生产型还是服务型企业，都有自己的工作目标或任务指标，如年度利润指标、月度安全生产指标，以及成本节约指标、劳动生产率等，不管是哪类指标，都必须由大化小、层层分解，最终落实到每个班组。班组的各项任务指标，是企业总指标的构成部分。也就是说，企业各班组是实施并完成企业各项指标的最基本的相对独立的执行单位，只有各班组的任务指标顺利完成，企业总的目标任务才能确保实现。

三、制度落实在班组

企业要进行生产经营活动，必须建立相应的规章制度，如上下班制度、职业道德规范、作业工作规程、政治学习制度等。职工是这些制度的落实和实施载体，班组则是组织落实和引导监管实施的基础环节。只有每个班组落实到位，企业的各项规章制度才能落到实处，如果没有班组这个基础环节，企业的各项规章制度将成为空谈。即使只有个别班组落实不好，执行不力，也将影响制度的总体落实。所以企业要加强制度建设，提高执行力度，必须抓住班组这个最基本的环节发挥其基础作用。通过班组将制度落实，实现企业管理的科学化、制度化和规范化。

同样，煤矿企业的各项规章制度，是确保企业健康有序发展的基础。班组是企业规章制度的最终执行者，是制度落实的基础保障。随着企业不断发展进步，现代化程度会越来越高，企业内部的管理和分工必然会更加细化，规章制度也随之细化，最终需要企业班组去执行和落实。这就需要班组职工认真学习、掌握、理解和遵守规章制度。班组长必须严格执行企业安全生产、质量、材料成本管理等方面的规定，同时搞好班组民主管理工作，做到分配公正，及时公开班务，保证每位职工的参与权和知情权。

四、职工发展在班组

现代社会是学习型社会，终身学习和终身职业培训，已是现代企业建设的重要标志。很多企业提倡建立学习型企业，鼓励职工在工作中学习，在学习中工作，把工作场所变为学习场所。而职工的工作场所主要是班组，因此班组和岗位已经成为职工提高素质、发展职业生涯的基本场所。要把班组岗位生产过程变为学习过程，就要组织职工相互学习、班组长指导学习、开展技术竞赛、技术比武等多种形式的学习。

班组是企业职工实现终身职业培训，提高岗位工作能力和不断发展个人职业生涯的主阵地。一切技术知识都要经历从实践中来，到实践中去的过程。任何一项新技术的发明创造，都离不开实践。班组处于安全生产的最前沿，职工在岗位培训中学习的知识要运用到生产实践中，就需要在班组生产现场进行实践和检验。这就要求班组成员在生产中学习进步，在实践中锻炼提高。班组成员定期参加脱产学习的同时，更应结合生产实际，有的放矢地开展班组培训工作，组织职工学习生产环节中可能遇到的难题，不断提高自身业务技术水平和解决实际问题能力。针对现场的复杂情况，如果能认真总结并积累大量的实践经验，并上升到理论，就能成为指导安全生产的宝贵财富。

五、人才创新在班组

看一个企业是否有活力，首先要看它的班组是否有活力。不断创新、不断完善、不断改变是保持班组活力的基本策略。班组有了活力，有了创造力，企业活力和竞争力才能提高。具有创造力的班组，是具备一定的基础和可能性的，因为任何创意的产生，都源于实践。由于班组直接从事生产工作，经常会遇到实际问题，这是激发创意的基础。如果班组在工作中都能带着创新的精神去解决工作中遇到的问题，就会不断激发职工的工作热情，使班组永远生机勃勃、充满活力。职工在这样的班组里工作，每天都会面对新的挑战，每天都会保持新鲜感、成就感，那么职工们就会快乐工作、自觉学习，不断创造出新的成果。

六、煤矿安全在班组

班组是煤矿企业安全生产运行链条中的一个重要环节。班组作为企业各项工作的实施终端，处于生产作业的第一线，其成员操作设备、使用工具、接触环境等都直接与复杂的自然条件行为相关联，既是保证安全生产的“排头兵”，又是最容易出现隐患、发生事故的“导火索”。往往一个班组成员的不安全行为，一个班组岗位的缺失，一个环节处理不得当，就会埋下安全隐患或造成事故。轻则停工停产，重则伤人亡命，不仅会影响到整个企业生产进度，有的还可能导致严重的后果。

而当前发生的煤矿事故中，很多都是由于班组长或班组人员的麻痹大意。据大量事故案例分析，90% 的事故发生在班组，工伤事故中 80% 以上是由于个人的不安全行为所致。可以说，企业安全生产的成败与班组工作的到位与否直接相关。

纵观煤矿历史上的事故案例，加强班组独立作战能力的培训，提高班组独立应对异常情况的处置能力，对避免事故的发生具有极其重要的意义。生产现场出现异常情况时，当班的职工发现早、判断准、应对得当、处置及时是避免事故发生的关键。而面对煤矿井下复杂多变的自然条件，必须立足岗位，不断提高班组自主、自控、自防能力，把安全事故隐患消灭在萌芽状态。许多先进班组的管理经验证明，隐患是能够消除的，事故是可以避免的。只要坚持重心下移、关口前移，抓班组、打基础，把安全生产法律法规、规程、标准和相关制度全面落实到班组，充分发挥班组在安全生产中的第一道防线作用，就能筑牢企业安全生产的基石。因此，从煤矿安全生产管理角度来讲，班组是控制事故的前沿阵地，是煤矿安全管理的基础环节。

总之，班组在煤矿企业安全生产和发展中的地位是不可替代的，也是不容忽视的。如果将企业看成一座高楼，班组则是这座高楼的基础和支架。班组地位的稳固与否，直接影响到企业的稳定和发展。因此，在煤矿企业安全生产和发展中，必须强化班组建设，减少和杜绝“三违”现象，才能为实现煤矿企业安全生产形势的稳定好转提供重要保障。

义煤集团在加强班组建设的实践中，始终坚持以安全生产主体为根本，以全面提高班组素质为手段，以动态质量标准化管理为保证，以亲情和谐文化为纽带，在内容上涵盖了班组安全生产、现场管理、技术创新、培训教育、班组文化、民主和谐等多个方面，在方法上实现了刚性管理和柔性管理的有机结合，在实践中体现了科学化、制度化、规范化、人本化的现代班组建设新要求，不断探索总结出了一条具有义煤特色的班组建设新模式，从而使班组建设基础更扎实、方法更科学、效果更明显。

以加强班组建设为基础，给企业发展带来了新的力量和动力。2007年以来，新一届领导班子紧紧抓住发展机遇，准确把握市场脉搏，立足企业实际，适时制定了“强势起步、科学跨越、乘势腾飞”的“三步走”发展战略，即2007~2009年是强势起步阶段，着力建设五个千万吨煤炭基地，完成产业结构调整，加快重组整合步伐，形成煤炭、煤化工、铝工业三大主业，使企业具有发展和创新活力的体制与机制；2010~2015年是科学跨越阶段，四个千万吨煤炭基地的将陆续建成投产，逐步形成年产7000万吨的生产能力；再用五年时间，把义煤集团建成“双千亿”的大型企业集团，即资产总额和生产经营总额分别达到1500亿元和1000亿元以上，进入世界500强。2010年，义煤煤炭产量突破3000万吨，回顾历史，义煤从建局到实现1000万吨用了19年，而从2000万吨到实现3000万吨仅用两

年时间，进入全国500强企业。事实证明：义煤集团的发展规划和设想是科学的、统一的、不可分的。企业发展为班组建设提供了良好条件和物质基础，而班组建设为企业发展打牢了基础，提供了丰富的文化环境和人力资源，注入了新的活力。

第二章

班组建设有思路

班组是企业的细胞，是企业各项工作的落脚点。抓好企业班组安全建设是提升企业管理、落实安全生产责任制的基础。实现班组规范化、标准化管理，是夯实煤矿安全管理基础，创建本质安全型矿井，推进煤矿企业安全发展和可持续发展的关键环节。

第一节 班组建设实施了“两个工程”

一、班组建设实现了“使命工程”

企业的发展离不开班组建设的支撑。义煤集团始终坚持班组建设是企业发展的根基，是企业基业长青的根源，是成就卓越企业的核心工程，他们坚持不懈、持之以恒地加强班组建设，从而取得了显著效果，为促进义煤集团健康、持续、跨越式发展起到了重要作用。

义煤集团公司已有50多年的发展历史，特别是进入21世纪以来，牢固树立“抓安全就是抓发展”的理念，坚持以“零”事故奋斗目标为引领，以治理重大灾害为中心，着力构建“理念引领、管理科学、技术职称、投入强基、文化固本、救援有力”的六大防控体系，全面提升矿井安全保障能力，煤矿安全指数评价体系和“底板型冲击地压防治技术”达到国际先进水平。

“十一五”期间，以集团公司董事长为中心的领导班子，在深入实地调查研究、充分认真分析发展现状的基础上，提出义煤集团必须把“实践科学发展观，推动义煤大发展”作为第一要务，加快建设千亿级新型能源化工集团，努力实现跨越式发展；坚持以人为本，把发展为了职工、发展依靠职工、发展成果由职工共享放在更加突出位置，切实做到“企业增效、职工富裕”，努力实现人本发展；坚持把职工的生命安全摆在首要位置，切实做好安全生产工作，努力实现安全发展；坚持把班组建设工作作为一项基础性工作，明确提出“不重视班组建设的领导不是合格领导，班组建设不合格单位是

不合格单位”，以现代的班组建设促进卓越企业的构建，以创建强大的班组队伍促进企业的强势发展。

二、班组建设实施了“一把手工程”

义煤集团领导深刻认识到，班组建设是一项战略性、系统性、长期性任务，是企业发展的根基。只有党政一把手高度重视，亲自去抓，才能收到实效。

因此，义煤集团明确提出了“不重视班组建设的领导不是合格领导，班组建设不合格的单位不是放心单位”；成立了党委主导，行政主抓，工会协调、部门参与的集团公司班组建设领导小组。集团公司总经理担任组长、集团相关领导担任副组长，形成分工明确、权责分明、相互配合、齐抓共管的班组建设新格局。

义煤集团公司制定的《关于强力推进班组建设活动的指导意见》、《义煤集团公司班组安全建设实施办法（试行）》等都由董事长、总经理签发。

集团公司每年在安排年度工作计划时，都把班组建设纳入重要议题，融入安全生产、经营管理等企业工作全过程，使班组建设从单纯的安全生产管理向班组文化建设、民主管理等全方位延伸，实现了刚性管理和柔性管理的有机结合，以现代的班组建设促进卓越企业的构建，以创建强大的班组队伍促进企业的科学发展。

第二节
班组建设讲“三性”

一、班组建设原则讲根本性

义煤集团加强班组建设坚持以企业文化为抓手，以推动企业和谐发展为目标。积极适应新形势、新任务的要求，秉承“以人为本”的理念，对企业文化进行了流程、整合、扬弃和再造，建立了以“感恩文化”为总抓手，以“安全文化”、“精细文化”、“廉洁文化”、“班组文化”为基本支撑的具有义煤特色的企业文化模式。

在新的企业文化模式引领下，义煤集团确立了新的企业精神，即“真诚，同心，感恩你我他”，并依此提出了“有社会责任感的企业才是优秀的企业，有社会责任感的职工才是优秀的职工”的理念，在新的企业文化理念引导下，企业把职工的利益作为各项工作的出发点和落脚点，发展依靠职工，发展成果由职工共享，努力做到“不让一个困难职工生活不下去，不让一个困难职工住不上房，不让一个困难职工看不起病，不让一个困难职工子女上不起学”，从而极大地调动了职工的积极性、主动性和创造性，迸发出了一股使不完的劲儿。

（1）牢固树立“安全发展”理念，认真贯彻落实“安全第一、预防为主、综合治理”的方针，坚定“零”理念不动摇，全面贯彻落实“责任有我，我必负责”。

（2）牢固树立“安全有我，我必安全”的理念，以“矿矿无隐患、人人无违章”为目标，把无隐患班组建设作为加强矿井安全生产基层和基础管理的重要工作。

（3）积极倡导先进的班组文化，健全完善班组安全生产责任制，建立激励约束机制。

（4）加强班组安全教育和规范化管理，深入开展安全质量标准化工作。

（5）加强现场安全管理和隐患排查，提升企业现场安全管理水平。

二、班组建设目标讲实效性

（1）抓好班组长选拔任用，提高班组安全生产的组织能力。

（2）加强安全生产教育，提高班组职工自觉抵制“三违”行为的能力。

（3）强化班组安全生产应知应会的技能培训，提高业务保安能力。

（4）严格班组现场管理，提高隐患排查治理的能力。

（5）搞好班组应急救援预案演练，提高预防、避灾和自救等应急处置的能力。

通过不断提高班组安全生产能力，使班组职工真正做到不伤害自己、不伤害他人、不被他人伤害，真正实现班组安全生产，为矿井安全生产奠定基础。

三、班组建设内容讲统筹性

班组建设需要统筹安排，其中领导班子的工作不容忽视。在义煤集团，结合集团下发的实施办法与指导意见，各基层单位创造性地制定出各自的制度保障体系，义煤集团班组建设的负责领导阶段性地与各单位对接、监管、参与、指导工作推进。及时开展建设督导和推进调度，主要领导多次深入基层参与例会观摩，组织召开座谈会，从多角度倾听基层干部的工作感受和建设进程。义煤集团公司领导的高度关注和基层单位领导班子的参与为班组建设的如期推进提供了强有力的组织保障。

第三节
班组建设有基础

一、班组制度建设

班组建设是一项重要的管理活动，必须建立完善一套科学的制度机制。

义煤集团在强化班组建设中，坚持把健全完善制度特别是奖评考核、奖罚兑现机制作为重要手段，紧紧围绕班组建设先后制定了《义煤集团公司班组安全建设实施办法（试行）》、《义马煤业集团股份有限公司班组建设考核评比标准（修订）》、《义煤集团班组安全建设责任抵押管理办法》等规章制度，用班组安全建设抵押责任办法，激发广大干部职工抓好安全工作的积极性和主动性，落实到各级领导、干部和每一位工人身上，层层传递安全动力，人人共担安全责任，充分体现责、权、利相一致的原则，使班组安全建设工作与责权利密切挂钩，共同促进安全生产。

1. 建立并完善班组安全生产定员管理制度

制定班组定员标准，保证班组安全生产基本配置，建设班组安全网络小组，实行现场“限员挂牌”制，严格控制作业人数，严禁超定员生产，严禁两班交叉作业。

2. 建立并完善班组安全生产管理规章制度

主要包括：

（1）班前会制度。

（2）班组长随班工作制度。

（3）安全质量标准化管理制度。

（4）隐患排查治理制度。

（5）班组和各岗位安全评优制度。

（6）事故报告和处理程序。

（7）事故分析处理制度。

（8）安全检查与奖惩制度。

（9）班组学习培训制度。

（10）岗位练兵、技能竞赛制度。

（11）交接班制度。

（12）现场安全文明生产制度。

（13）安全举报制度。

（14）职工安全权益维护制度。

（15）安全绩效考核制度。

（16）安全管理合理化建议制度。

（17）隐患汇报、“三违”举报制度。

（18）班组互保联保制度。

（19）各矿认为需要制定的其他相关制度。

3. 健全安全生产责任制度

完善班组长作业现场安全生产负责制，制定各岗位、各工种的安全工作程序和工作标准，实行风险超前预控。

4. 完善班组安全生产目标控制考核激励约束机制

健全班组安全生产目标考核制度，完善安全、生产、效益结构工资制度，加大安全构成比重，严格考核奖惩。

二、班组长队伍建设

班组长既是企业生产一线的管理人员，又是实现企业安全生产目标的具体执行人，许多还是技能带头人，现代企业对于班组长的素质和能力要求都赋予了更新的意义和内容。

因此，加强班组建设必须把提升班组长整体素质作为一项重要任务。义煤集团从完善班组长任用机制抓起，明确了班组长的任用标准条件，推行班组长公推公选制度，规定班组长具备高中（中专）以上文化程度、3 年以上现场工作经历。

1. 完善班组长任用机制

明确班组长标准条件、产生办法和聘任方法，规范班组长选拔程序，实行班组长定期聘用制管理。

2. 集团公司与各基层矿上下联动

有计划、有步骤地对班组长进行业务技能与管理能力培训，开展形式多样的学习交流活动，使班组长视野开阔、思路拓展、能力提高。

充分利用企业已有的教育培训资源，强化班组长的培训力度。义煤集团现有一个国家二级和两个三级煤矿安全培训基地，基层矿井建立了四级煤矿安全技术培训中心，利用这些教育培训资源经常对全集团班组长进行全面轮训。各基层单位还广泛开展了“班组建设经验交流会（促进会）”、“班组长论坛”、“班组长专项培训”、“班组长学历教育”等，使班组长不出矿区就能上大学。同时集团公司拓宽用人渠道，把班组长纳入企业管理人才培养计划，从优秀班组长中选拔干部，有的送到高等院校进行深造。

3. 健全班组长人才激励机制

把班组长纳入煤矿管理人才培养计划，积极从优秀班组长中选拔人才，有条件的要送到高等院校培养，推优评先要向基层班组长倾斜，并应占有一定比例。

三、班组职工队伍建设

班组是煤矿企业最基层组织，企业千条线，班组一针穿。国家安全生产的法律法规、企业的各项规章制度，以及先进安全技术的推广应用，都要落实到班组，体现在现场。遏制重特大事故、减少事故总量、杜绝“三违”，都离不开发挥班组内在的功能和作用。

1. 充分发挥班组在企业安全生产第一道防线的功能

企业的安全生产是一项复杂的系统工程，班组作为企业安全生产工作的终端，处于生产作业的第一线，其成员操作设备、适用工具、接触环境直接与复杂的自然条件混在一起，既是保证安全生产的“排头兵”，又是最容易出现隐患、发生事故的“导火线”。往往一个班组成员的不安全行为，一个班组岗位的缺失，一个环节处理不得当，就会造成安全隐患或事故。大量事故案例分析，90%的事故发生在班组，工伤事故中80%以上是人的不安全行为所致。可以说，企业安全生产的成败与班组工作的好坏直接相关。

实践告诉我们，加强班组独立作战能力的演练，提高班组应付突发情况的处置能力，具有极其重要的作用。生产现场出现异常情况，关键是当班的职工要及时发现，判断准确，应对得当，处置及时。煤矿井下复杂多变，安全生产条件恶劣，必须立足班组岗位，不断提高班组自主、自控、自防能力，把安全隐患消灭在萌芽状态。只要坚持重心下移、关口前移，不断增强职工的安全意识和责任意识，充分发挥班组在安全生产中的第一道防线作用，才能筑牢煤矿企业安全生产能力的基石。

2. 充分发挥班组在企业教育培训职工的主体功能

班组处于安全生产的最前沿，职工参加教育培训获得的知识需要在班组生产现场得到实践和检验，这就要求职工在生产中学习，在学习中实践，在实践中提高。班组职工不仅要定期参加脱产学习和培训教育，而且更应结合生产实际，有的放矢地进行学习。因此，班组应该成为增长知识、提高本领的主阵地，组织职工学习生产实际操作技能，学习处理生产环节可能遇到的难题。任何一项新技术的发明和创造，都离不开实践。而实践的主体在职工、在班组。在长期的工作中，班组职工能够总结积累大量的实践经验，并上升到理论，成为指导企业安全生产的宝贵财富。企业在安全生产工作中，势必会遇到各种各样的困难和挑战，这就要求必须把职工教育培训与生产实际相结合，把创建学习型班组、培养知识型职工作为加强班组建设的重要载体，使职工在工作中学习，在学习中工作，全面提高职工的整体素质。

3. 充分发挥班组在构建和谐企业的基石功能

班组是企业的细胞，企业要和谐发展，必须从最基础的班组建设做起。一个班组的班组长与成员之间、成员与成员之间的文明礼貌、相互尊重，不但代表着一个班组文明，而且也是整个企业文化的重要组成部分。每个班组和谐，企业和谐的根基就稳固牢靠。促进班组和谐，班组成员必须树立“以和为贵”的意识，要有“和而不同”的包容心，充分尊重职工的民主权利，定期召开班组民主会，让大家对班组的工作畅所欲言，班组的重要决定要经过全员讨论通过，实现公平、公正、公开。要进行有效沟通，班组长与职工、职工与职工之间要以诚相待、以心交心，形成相互理解、相互支持、相互帮助的良好氛围。要有感恩之心，报恩之举，孝恩之情。教育职工在家“孝亲敬老”，在企业“敬业奉献”，逐步营造团结和谐、互敬互爱的企业环境。

四、班组现场管理建设

1. 严格落实班前会制度

开好班前会，布置好当班安全生产及各岗位应协调处理的事项，落实相应的防范措施；严格执行交接班制度，严禁其他人员现场交接班，填写好交接班日志，并把相关安全生产原始记录一一交接清楚；发挥煤矿群监岗员和安全生产监督员的作用，查找隐患、制止“三违”，特别是习惯性“三违”，严格监督落实现场安全技术操作规程、技术措施并进行施工，严禁违规作业。

2. 推行“手指口述、岗位描述，质量标准化、准军事化”管理

开展安全质量标准化工作，推行作业现场精细化管理，对作业现场工程质量、岗位工作质量进行验收和评估。

3. 加强隐患排查治理

抓好隐患排查，对生产作业场所、安全生产设备进行定时、定点、定路线、定项目巡回检查，及时排查治理现场事故隐患，提高班组长现场指挥权力。

五、班组安全文化建设

煤矿作为特殊的高风险行业，安全生产是企业的重中之重。企业要实现持续平稳的发展目标，就必须进一步强化煤矿基础工作。夯实基层基础，关键在现场，核心在班组，重视班组建设，培养好班组长，是煤炭企业实现安全可持续发展的最终的基础工作。

近几年来，我国各类重大、恶性伤亡矿难不断发生，事故频发，其中一条重要原因是班组基础建设不牢。煤矿班组是采煤生产线上一个小环节，看似微不足道，范围很小，但它的能量和作用却很大。

班组一旦发生事故，轻则停工停产，重则伤人亡命，不仅影响整个煤矿的生产进度，有的还可能导致严重后果。而当前煤矿发生的事故中，很多是由于班组长安全管理失误或班组职工的大意造成的。

从深层次讲，则是安全文化的建设问题。事故往往由于班组安全文化素质低，与团队安全意识淡薄、班组职工技术能力差、班组长管理水平低、职工对危害的认识不足有着直接关系。因此，加强企业安全文化建设已成为企业班组建设的当务之急。

1. 要教育班组职工树立正确的安全价值观

安全价值观是安全文化的核心。安全价值观是指人们对有关安全行为选择、判断、决策价值取向的总和，是班组职工对安全作业的价值与行为规范。这种观念制约着职工在生产实践中对客观事物的选择、愿望、行为，处于文化系统的深层次结构中，是文化中最不易变更的成分。凡是违反安全操作规程的某些冒险蛮干行为，都是由不正确的安全价值观导致的错误行为。

当前，企业中存在的“三违”现象，表现了职工对安全价值取向上的混乱。企业管理人员违章指挥、部分领导盲目地追求经济效益，在生产与安全矛盾突出的情况下，扔下“安全”抓“生产”；班组为了完成生产任务，多拿工资和奖金，存有侥幸心理。这些反映在价值、行为准则方面的问题，就是安全文化方面的问题。因此，在安全生产过程中，由于职工职能、职务、价值观不同，往往会影响系统安全的可靠性。系统越大，协调活动量越大。虽然有规章制度，但由于个人或单位对安全制度的认识不一致，因此，树立正确的安全观念，是唯一能使职工统一意识，协调行动，实现安全生产的途径。

2. 增强预防意识

安全文化的核心是人，班组安全管理的核心是预防，而事故预防又是安全管理的出发点和归宿，要搞好安全生产，就必须不断改善班组劳动条件，以保护职工的安全健康和生命安全。要预防事故，根本的办法只能是提高职工的责任感和自觉性，消除潜在的危险因素和误判、误操作，这是每个职工的神圣职责和应尽义务。

企业安全文化的重要功能是控制潜在的不安全行为，防止发生“人体差错”，从中营造一条“自动控制”办法。事故发生是由量变到质变逐步发展的，是客观存在的一种现象。只要我们有意识去发现它、认识它，并在爆发事故前采取有力措施，就能预防事故的发生。煤矿企业各级领导，其安全文化素质是提高这种控制功能的关键，他们对安全管理的重视，对职工安全责任、安全技术、资金投入的落实是煤矿企业安全目标能否实现的关键。力量在职工，关键在领导。

职工安全“预防意识”是否增强，是企业安全文化建设能否上升到一个更高层次的关键。当然，增强班组职工的安全“预防意识”不可能一蹴而就，必须要有一个循序渐进的过程：外界教育——主体接受——个体意识。提高职工个体的安全意识，需要强化职工的行为文化建设。在现有条件下，职工总是处在某种技术环境中，这种环境，有的危险性较高，有的危险性较低。要保障职工的行为安全，就要使每个人都服从这种环境所需要的规章，遵守技术规范、技术标准、操作规程，控制人的不安全行为。只有坚持不懈地进行行为文化建设，推进安全规范培训、安全技术培训，才能真正提高职工的安全意识，避免事故的发生。

3. 加强煤矿企业安全科技体系建设

在煤矿生产实践中，用鲜血和生命换来的财富，是非文明的积累，从人道、人权和安全文化的观点看，是野蛮、落后、残酷的生产方式，是与人类的发展和社会进步不相容的。安全科技就是保护人类安全生产、生活的保护伞。在我国，人的生命安全是第一位的，宁肯机器设备受损，也不能让职工失去生命或残疾。因此，煤矿企业要不断加大资金投入，运用新技术，增添新设备，进一步增强安全生产的技术能力和水平，建立心和人安的生产环境，确保职工的安全与健康。

4. 积极营造班组“团队精神”

安全生产是一项系统工程。很多事故的发生，往往不是哪一个人、哪一个环节、在哪一个时刻出现的某一个差错，而是一连串人，在一连串环节中出现的一连串差错。因此，营造班组“团队精神”，在煤矿企业安全生产中显得尤为重要和必要。营造班组“团队精神”，就是要提倡班组团结互助的安全自控、互控和他控。自控是基础，他控是监督，而互控则贯穿于生产的全过程。加强安全文化建设，要把对安全的投入放在首位，建立良好的安全外部环境和保障机制，营造班组团队精神，形成“安全第一，预防为主”的凝聚力、向心力，走出“人盯人”管理的被动局面。

5. 加强班组安全文化建设，开展体现班组特色的安全文化活动

强化安全生产意识，培养安全生产理念，落实职工安全生产十项权利，增强安全生产内在动力，实现“我要安全”。培养和弘扬班组团队精神，做到工作上相互支持、密切配合，工序衔接协调无误。

链接义煤

“十项权利”具体内容

“十项权利”的具体内容是：（1）带班人员不下井，工人有权不下井；（2）带班人员早出井，工人有权早出井；（3）安全隐患不排查，工人有权不作业；（4）管理人员违章指挥，工人有权不执行；（5）没有安全措施，工人有权不开工；（6）不组织班前安全学习，工人有权不下井；（7）未进行“三位一体”（班长、安全检查员、瓦斯检查员）安全检查，工人有权不开工；（8）监测监控系统安装不到位、运行不正常，工人有权不开工；（9）不配全合格的劳动保护、防护用品，工人有权不下井；（10）避灾路线不标识，工人有权不下井。

6. 强化安全教育培训

主要包括：

（1）加强班组安全知识、岗位技能培训。

（2）实行班组长和班组所有成员须经培训考核合格方可上岗。

（3）加强班组应急救援知识培训。

（4）加强对采用的新工艺、新设备、新技术的培训。

（5）利用典型案例，开展警示教育。

(6) 开展以师带徒、安全伙伴等活动。

(7) 开展岗位练兵和技术比武活动。

通过安全文化的自动协调功能，实现“要我安全”向“我要安全”的转变；“个人安全”向“团队安全”的转变。营造“团队精神”，还要加强安全精神智能层次的建设，它包括安全目标、安全精神、安全工作方针、安全经营哲学思想、安全矿风厂貌、安全态度、安全活动等方面的内容，是企业安全文化的综合体现，是安全文化结构系统中的“软件”。因此，煤矿企业要有效控制事故、减少灾害，最根本的办法就是要不断提高企业职工安全文化素质。只有企业职工的安全文化素质提高了，事故才能得以控制和大幅度降低。

六、班组台账管理建设

及时准确、完整记录班组台账。班组需设安全质量任务台账和精神文明台账各两本。

1. 安全质量任务台账

主要内容有：

(1) 每班安全质量情况。

(2) 每班隐患排查治理情况。

(3) 互保联保制止三违情况。

(4) 产量计划完成记录。

(5) 材料消耗记录。

(6) 岗位练兵记录。

(7) 小组活动记录。

(8) 合理化建议记录。

(9) 小革小改成果记录。

(10) 劳动竞赛活动记录。

2. 精神文明台账

主要内容有：

（1）政治业务学习记录。

（2）家访谈心、不放心人员帮教记录。

（3）民主管理记录。

（4）好人好事记录。

（5）文体活动记录。

（6）扶贫解困记录。

（7）职工生活福利记录。

（8）劳动保护调查记录。

七、考核奖罚办法建设

无规矩，不成方圆。义煤集团公司成立班组建设考核小组，每季度对各矿井班组安全建设工作进行一次阶段性检查、考核评比、表彰奖励及处罚。班组建设实行责任金抵押制度，公司年底进行全面总结评比、奖励及处罚。

第三章

班组建设有方法

班组建设，是义煤集团公司一项战略性、系统性、长期性的工程。班组建设是企业发展的基础，是企业基业长青的根源，是成就卓越企业的核心工程，也是预防和减少煤矿职工伤亡事故发生的有效途径。

第一节
“三三一”班组建设新模式

长期以来，义煤集团一直把班组建设作为一项战略性、系统性的工程来抓，特别是近年来，义煤集团大力强化班组建设，大胆探索，不断创新，总结出了具有义煤特色的“三三一”工作模式，即：突出抓好“三动”合力，重点强化“三环”联保，落实一个“办法”。工作实施开展以来，进一步推动了班组建设，基础更加扎实、方法更加科学、效果更加明显。

一、“三动”合力

（一）高层驱动

健全以党委为主导，行政为主体，工会协调组织，相关部门（工会、安康部、人力资源部、企管部、新闻中心等）联动的班组建设工作机制。

（1）班子成员职责明确，工作到位，真正形成对班组建设齐抓共管的合力。

（2）研究制定班组建设系统科学的规划。

（3）形成一套具有本单位特点的、行之有效的管理办法；把班组建设纳入安全生产、经营管理等企业管理全过程，实现班组建设的日常性管理。

（4）不断丰富班组建设的内涵，从单位的安全生产管理向班组的文化建设、民主管理等全方位延伸，以现代班组建设促进卓越企业的构建，以创建强大的班组队伍促进企业的强势发展。

（二）部门联动

1. 工会

工会作为牵头部门，要在班组建设中履行（参与）办法制定、工作整体规划、督导落实、组织季度检查考核（奖惩兑现）、实施年度总结评比等职能，最大限度地发挥协调作用。

2. 安康部门

安康部门要把班组建设纳入安全管理的重要工作内容之一，要有具体工作安排。

3. 人力资源部

人力资源部要把落实班组长经济待遇和政治待遇作为工作重点，将班组长纳入本单位的人才库管理，为班组长的成长提供条件。要将班组长的培训纳入企业中长期培训计划，有计划、有步骤地对班组长进行业务技能、管理能力和科学文化知识培训，着力提升班组长和职工队伍整体素质。

4. 企管部

企管部要将推动班组科学管理作为重点，逐步提高班组管理水平。

5. 新闻中心

新闻中心要大力弘扬并宣传班组建设中的先进典型，营造重视、参与、推动班组建设向更高层次推进的舆论氛围。

（三）区队主动

在班组建设这项系统工程中，班组长和基层职工是直接参与者、实践者，区队长（分厂厂长）则是支持者、推动者。缺少了区队长（分厂厂长）的重视、支持和指导，班组建设难以高效落实。班组建设对区队级干部提出了新课题、新使命、新要求，区队干部要加强学习、深入实际，积极探索研究班组建设工作，努力为班组长搭建工作平台，提供智力和资源支持。

1. 公平公正选拔人才

提倡以公推公选、直选等方式，将真正有能力、有水平的职工提拔到班组长队伍中，并尽一切可能为班组长的工作提供支持帮助。

2. 建立健全班组管理制度

建立健全包括班组绩效考核、民主管理、群众安全监督检查在内的班组管理制度。

3. 区队长落实工作要求

面对新要求，区队长要身体力行，指导班组将安全管理、生产任务、质量管理、成本管理等各项工作要求逐一落实到班组、现场，落实到每一个职工，形成“事事有人管，人人都管事”的精细化管理模式，并严格考核、落实兑现，以此促进区队管理、企业管理上水平。

二、“三环”联保

加强班组建设工作的“三项重点”是：激励机制、典型引路、丰富内涵。

（一）激励机制

班组建设的目标是班组整体素质的提高，重点是建立健全完善的激励机制和考核机制。

1. 建立健全完善的激励机制

为加强对班组建设工作的考评，集团公司成立班组建设考核小组，制定了《班组安全建设考核评比标准》、《班组安全建设责任抵押办法》、《班组安全建设考核评比矿井组别划分》等制度和办法，开展班组建设“星级攀升”竞赛活动，明确要求班组建设责任抵押制度要全面落实到班组长，用激励机制调动和提高班组长在班组建设工作中的积极性和责任心。

2. 严格执行“三级”考核制度

严格执行集团公司对基层矿（厂）、基层矿（厂）对区队、区队对班组的定期考核与不定期检查的“三级”考核制度，做到制度透明、标准透明，操作规范，考核公开，奖惩兑现。

（二）标杆引领

1. 选树典型

结合工作实际选树培养不同侧面的典型，形成一批安全型、高效型、创新型、文化（学习）型、和谐型等各具特色的不同的先进典型，做到集团公司有典型，矿（厂）有典型，区队有典型，充分发挥典型的示范带动作用。

2. 大力宣传

充分利用各种媒体，采取多种形式，加大宣传力度，宣传班组建设中的好思路、好机制、好载体，并通过召开班组建设现场会、经验交流会、《班组建设动态》简报、网络等平台，总结、宣传班组建设典型工作经验，推广班组建设先进工作模式，强化班组建设的浓厚氛围。

3. 表彰奖励

采取自下而上推荐评比的方式，大力开展班组长推优评先活动，对优秀班组长给予表彰奖励。

（三）持续改善

班组建设不仅仅体现在班组的安全建设、生产任务、质量管理等方面，而且还关乎企业的文化建设、和谐建设、职工队伍素质建设和企业的创新活力开发、基本竞争能力塑造等方面。

1. 不断充实和丰富班组建设工作内涵

在加强班组建设工作中，积极推进班组民主建设、文化建设，逐步建立并完善班组制度化、规范化建设。

2. 不断创新班组活动载体

广泛开展以“比安全、比质量、比贡献”和“‘无三违’、无轻伤、无事故”为主要内容的班组竞赛，深入开展岗位练兵、技术比武、提合理化建议、争创学习型组织、争当知识型职工、争做安全示范岗（班组）等不同形式的竞赛活动，推进班组建设深入开展。

三、一个“办法”

全面落实《集团公司班组安全建设实施办法（试行)》，是义煤集团班组建设工作能否发挥有效作用的重中之重。《实施办法》是在经过深入调查研究，在广泛征求各部门、各单位和广大职工群众意见的基础上形成的，具有较强的时间性和可操作性。能否认真贯彻落实《实施办法》，是班组建设工作的重中之重。

1. 要提高认识，加强领导

要把加强班组建设列为“一把手工程”，明确“不重视班组建设的领导不是合格领导，班组建设不合格的单位是不放心单位”，班子成员要明确分工、科学规划、创新机制、齐抓共管，切实把班组建设作为一项基础性工作抓紧、抓细、抓实、抓出效果。

2. 要围绕《实施办法》创造性地开展工作

把40条考核标准逐一落实到实际工作中去，并进一步充实完善考评标准，切实将“三级”考核机制落到实处。

3. 集团公司班组建设工作机构严格依照《实施办法》和《集团公司班组建设考核标准（试行)》的要求

按季度对参赛单位进行考核和奖惩，基层单位全年开展班组建设情况考评的结果将作为年终评选先进单位的重要依据之一。

第二节
班组建设“十三法”

班组建设工作是一个不断探索、不断创新的过程。在加强班组建设的工作实践中，义煤集团紧密结合本企业实际，大胆探索，勇于创新，总结提炼出班组建设工作“十三法”。

一、一把手工程法

义煤集团明确提出，各基层领导、特别是党政一把手是班组建设工作的第一责任人，做出了“不重视班组建设的领导不是合格领导，班组建设不合格单位是不放心单位”的规定。

（1）集团公司第一份指导性文件《关于强力推进班组建设活动的指导意见》，由董事长签发。

（2）第一个实施办法《义煤集团公司班组安全建设实施办法（试行）》，《义煤集团班组安全建设责任抵押管理办法》等重要规章制度是由总经理签发。

（3）集团公司成立了党委主导，行政主抓，工会协调，部门参与的集团公司班组建设领导小组，总经理担任组长，相关领导担任副组长。

领导小组下设办公室，办公室设在集团公司工会。领导小组分工明确，职责分明，配合密切，形成齐抓共管、高效办事的工作格局。

各基层单位按照集团公司要求，也都成立了班组创建活动领导小组，行政正职担任领导小组组长，把班组建设纳入重要工作日程，制订了实施方案、评比标准，定期进行检查、考核、奖评。

链接义煤

义煤集团公司班组安全建设实施办法（试行）

第六章　加强班组安全建设组织领导

第19条　为加强组织领导，集团公司成立班组建设领导小组。

组　长：总经理

副组长：副总经理

成　员：安康部部长　企管部部长　生产与技术装备部部长
人力资源部（劳资）部长　战略规划部部长
工会副主席

领导小组下设办公室，办公室设在集团公司工会。

办公室主任：工会副主席（兼）

副主任：工会生产保护部部长（兼）

二、制度规范法

义煤集团公司、工会、安监部门大力推进、培塑班组建设制度规范化，并落实到每一位职工身上，建立健全责、权、利三者相统一的班组建设考核运行机制，逐步改进完善并严格落实班组管理制度和班组建设、考评标准，提高班组现场管理水平，提高班组长队伍整体素质，提高班组执行力，真正把安全生产法律法规、方针政策和各项措施细化、落实到班组，不断开创班组安全生产工作的新局面，为集团公司实现安全生产的长治久安奠定了基础。

（1）义煤集团在深入调查研究、广泛征求干部职工意见的基础上，制定下发了《义煤集团公司班组建设实施办法（试行）》，明确提出了班组建设工作的指导原则、目标、内容、方法、途径和要求，使班组建设工作走上了规范化、科学化、标准化之路。并根据形势

任务变化，不断修改、补充、完善《实施办法（试行）》，使其更具可行性和操作性。

（2）近两年来，义煤集团先后制定下发了《班组安全考核评比标准》、《班组安全建设责任抵押办法》、《班组安全建设考核评比矿井组别划分》等规定办法。

（3）为了进一步加大班组建设工作的力度，2011 年集团公司又下发了《关于强力推进班组建设活动的指导意见》，从而为班组建设的顺利发展提供了强有力的制度保障。

链接义煤

义煤集团班组安全建设考核评比标准

第 1 条 本标准适用于集团公司各生产矿井。

第 2 条 矿井制定便于操作的班组安全建设考核评比办法及标准，按照要求进行检查验收和奖罚，并落实到位。

第 3 条 矿井班组安全建设考核评比必须具备的条件：

（1）年度发生一次 1 人及以上死亡事故和一级非伤亡事故，取消本年度矿井评比资格；

（2）年度发生一次 1 人及以上重伤事故和二级非伤亡事故，取消本年度班组评比资格；

第 4 条 班组安全建设考核评比矿井满分为 100 分。安全建设班组中抽查 10% 以上，但不少于 10 个班组。在计算总分时，取 10 个以上班组的平均分后，计入总分。

第 5 条 班组建设矿井考核评比分四个级别：80 分以下为不合格班组；80 分以上（含 80 分）为合格班组；90 分以上（含 90 分）为先进班组；95 分以上（含 95）为创新型明星班组。即：A 级（创新型明星班组）、B 级（先进班组）、C 级（合格班组）和 D 级（不合格班组）四级。

三、考核奖惩法

为加强班组建设考核，义煤集团公司成立班组建设考核小组，由工会、安监部门牵头，组织各矿井区队每月对班组进行一次检查考核；矿井每季度对班组建设进行一次检查考核，班组安全建设办公室将检查考核结果报集团公司班组安全建设考核小组。

1. 各基层单位结合实际情况，制定了具体的“考核标准和办法”

各级工会、安监部门大力宣传班组安全建设活动，使企业和广大职工深入了解活动的主题、目标和意义。

2. 每月组织一次达标考核验收

对到达“安全合格班组”标准的，可由矿井班组安全建设办公室申报，每季度申报一次，验收一次，集团公司通过四次验收结果确定全年数量，经集团公司评审，分别命名为：

A级（创新）班组；

B级（先进）班组；

C级（合格）班组。

链接义煤

班组安全建设考核评比标准

第5条 班组建设矿井考核评比分四个级别：80分以下为不合格班组；80分以上（含80分）为合格班组；90分以上（含90分）为先进班组；95分以上（含95）为创新型明星班组。即：A级（创新型明星班组）、B级（先进班组）、C级（合格班组）和D级（不合格班组）四级。

3. 班组实行安全建设责任抵押制度

对D级（不合格）班组数量超过矿井班组10%的单位，扣发该单位安全抵押金的20%。

通过班组考核奖惩、达标竞赛、安全责任抵押等办法，确保集团公司安全建设上等级、创水平。

建立严格的考核制度，做到奖罚分明，是加强班组建设的重要环节。集团公司工会和安监部门、矿（厂、公司）、区队、班组形成“三级”班组建设考核制度和“四级”班组建设风险抵押金制度，考核实现了“到基层、到班组、到一线、到现场”的班组考核新模式。同时，考核结果要和奖罚紧密结合，从而强化了班组现场管理能力的提升。做到公开、公正、透明，奖惩兑现及时到位。

四、联动工作法

集团公司建立以党委为主导，行政为主体，工会协调组织，相关部门（工会、安康部、人力资源部、企管部、新闻中心等）联动工作机制。

1. 推行了部门责任制，建立了班组建设责任包保制度

义煤集团制定了各级领导、各科室、区队及班组在班组安全建设中应该干什么、怎么干、干好干坏的责任管理办法和奖惩标准，并严格按照所包保区队班组安全建设开展情况，对照考核结果予以兑现。

2. 将具体工作安排落实到部门、科室

要求相关部门、科室要有具体的工作安排，有专人负责班组建设工作的推进和落实，部门与部门之间要积极探索和研究班组建设工作，并落实为例会制度，加大工作力度每月汇报，从而形成了上下联动、齐抓共管的工作格局。

五、区队主体法

在加强班组建设中，区队长是最前沿的领导者、指挥者，缺少了区队长的重视和指挥，班组建设工作就难以顺利开展，更谈不上取得成效。因此，强化班组建设，必须充分发挥区队主体的作用，以“五个到位”（安全措施到位、现场管理到位、干部带班到位、监督检查到位、责任追究到位）为统领，全面落实班组安全生产各项管理制度，不断夯实安全基础。

过去抓班组建设往往是“两头热中间冷”（领导热、班组热、区队冷），看起来热热闹闹，实际效果并不好。问题就出在区队长积极性不高。

因此，义煤集团在强化班组建设中，把煤矿基层区队作为主体，给区队长压任务，出题目，提要求，让他们主动挑担子。为了提升班组长的整体素质，在区队实行公推公选、直选等方式选拔任用班组长，将真正有能力有水平的职工提拔到班组长队伍中来，区队尽一切可能为班组长的工作提供支持和帮助，推行包括班组绩效考核、民主管理、群众安全监督检查等制度在内的班组管理制度，规范班组各项日常管理工作，实现班组制度化、规范化管理。

（1）严格班组安全生产定员管理，严格控制作业人数，严禁超定员生产。

（2）认真落实班组作业现场安全生产主体责任和职工岗位安全生产主体责任，减少和杜绝“三违”，从源头上预防安全事故发生。

（3）推行班组安全生产风险预控管理，并尽一切可能为班组长的工作提供支持和帮助。

（4）区队长要扑下身子、身体力行，指导班组将安全管理、生产任务、质量管理、成本管理等各项工作要求逐一落实到班组、现场，落实到每一个职工，形成“事事有人管，人人都管事”的精细化管理工作模式。

六、现场管理法

1. 严格执行交接班制度

在交接班时，结合上一班作业现场存在的问题，针对多个环节、每个岗位，布置好当班安全生产及各岗位应协调处理的事项。

2. 要填写好交接班日志

交接时必须把相关安全生产原始记录一一交接清楚，防止问题不明、措施不当而危及安全生产。

3. 要充分发挥煤矿群监岗员和安全生产监督员的作用

加强现场监督检查，严格监督落实现场安全技术操作规程、技术措施并进行施工，严谨违规作业。

4. 积极推行现场精细化管理

每班要对作业现场工程质量、岗位工作质量进行验收评估，实现动态达标。

5. 要加强隐患排查治理工作

对生产作业场所，安全生产设备及各系统进行定时、定点、定路线、定项目巡回检查，及时排查治理现场事故隐患，遇到重大险情要及时报告，并组织人员有序、及时撤离现场，避免事态扩大。

链接义煤

义煤集团公司班组安全建设实施办法（试行）

第五章　加强班组现场管理

第13条　严格落实班前会制度。把开好班前会作为现场管理的第一道程序，结合上一班作业现场存在的问题，针对每个环节、每个岗位，布置好当班安全生产及各岗位应协调处理的事项。明确工作中注意的问题，识别不安全因素，落实相应的防范措施，做到安全注意事项不讲明不下井、责任不明确不下井。

第 14 条 严格执行交接班制度。特殊岗位严格执行相关规定，除带班人员、要害岗位人员必须在现场交接班以外，严禁其他人员现场交接班；要填写交接班日志，必须交接相关安全生产原始记录，防止问题不明、措施不当而危及安全生产。

第 15 条 充分发挥煤矿群监督员和安全生产监督员的作用。明确职责，坚持把查找隐患、制止“三违”，特别是习惯性“三违”，作为煤矿安全生产群众监督职工作的重中之重，做到班组长不违章指挥、班组成员不违章作业、所有人员不违反劳动纪律。对“三违”现象要当做事故进行分析处理，并将“三违”人员纳入到考核中去，严格兑现奖罚。加强现场监督检查，严格监督落实现场安全技术操作规程，技术措施进行施工，严禁违规作业。

七、素质提升法

加强班组建设，要以培养高素质、高技能、适应性强的职工队伍为目标，发挥工会“大学校”作用，通过开展岗位培训、岗位练兵、读书自学等活动，激发职工学习热情，全面提升职工的技能水平、服务水平、协作能力和自主创新能力。

1. 把组织职工学习作为建设的重要内容

通过创建学习型班组、技术攻关团队、创新小组、学习工作室等，增强职工的学习创新意识。

2. 完善对班组学习创新成果奖励机制

积极开展“五小”（小改进、小发明、小设计、小建议、小革新）等活动，充分发挥技术骨干的作用，及时推广应用先进的管理法、操作法。

3. 充分发挥班组在教育培训中主阵地作用

加强班组安全知识、岗位技能培训，新职工岗前培训，做到应知应会。

4. 加强班组应急救援知识培训

加强模拟演练，熟悉防灾、避灾路线，增强自救处置能力。

5. 加强对新工艺、新设备、新技术的培训

利用典型案例，开展警示教育，汲取事故教训，增强事故防范意识。

6. 强化安全教育和技术培训

以师带徒、安全伙伴等形式，提高职工安全自保互保联保意识和实际操作技能，开展岗位练兵和技术比武活动，帮助班组职工熟练掌握安全生产操作技术。

八、公推公选法

选拔、培养、使用好班组长，是加强班组建设工作的重点。义煤集团在实践中探索出了“公推公选”班组长的新模式。

链接义煤

“公推公选”班组长新模式

所谓公推公选，就是班组长选拔采用个人自荐、组织推荐、职工选举的形式产生，具体由区队组织，工会、组干、安监等部门审查监督。

班组长在公推公选阶段，候选人的产生是关键。班组长公推公选能否成功，效果如何，重点在于候选人的产生。为此，义煤集团

要求各基层矿成立由安全矿长、工会主席任组长的班组长选拔领导小组，负责班组长选拔监督指导工作。领导小组按照班组长任职条件严格进行审核把关，实行按照“公开、公平、公正”的原则，由基层区队召开职工大会，推选出班组长候选人，然后采取无记名投票、差额选举的办法，在候选人中选拔出职工认可的班组长。对所当选的班组长，集团公司人力资源部门有计划、有步骤地对班组长进行业务技能和管理能力的培训，以提高班组长的综合能力。并纳入矿后备干部人才库统一管理，作为提拔区队副职的后备人选，对成绩突出、特别优秀的班组长，在提拔干部时优先任用。

九、责任抵押法

为充分调动基层班组建设工作人员的积极性和主动性，人人共担安全责任，充分体现责、权、利一致的原则，使班组安全建设工作与责权利密切挂钩，共同促进安全生产，实现“安全生产事故为零”的目标，促进企业安全快速持续发展，义煤集团对各矿井有关人员实行“班组安全责任抵押金制度管理办法”。

链接义煤

班组安全责任抵押金制度管理办法

“班组安全责任抵押金制度管理办法”对责任抵押范围、抵押金额、考核奖罚等都作了明确规定。提出生产矿井发生死亡或一级非伤亡事故或瓦斯突出事故，沉淀全部班组安全建设责任抵押金，重新进行交纳；发生一人次重伤或一次二级非伤亡事故，扣罚班组安全建设责任抵押金的20%；超过一人次重伤或发生两次二级非伤亡事故，沉淀全部安全建设责任抵押金，重新缴纳；矿井不合格班组超过矿井班组总数10%的，扣罚该矿班组安全建设责任抵押金的20%。

同时，对地面生产单位、集团公司领导及公司相关科室也都作出了明确规定，实行重奖重罚的原则，集团公司从上到下、从机关到班组树立了“责任有我，我必负责；安全有我，我必安全”的安全生产理念。

十、星级攀升法

为进一步加强班组安全建设，夯实班组基础，推动集团公司安全管理上水平、上台阶，义煤集团紧紧围绕“安全生产在班组，人人都是安全员”主题，以创建安全型、高效型、技能型、文化型和和谐型班组为目标，以班组安全建设、生产建设、技能建设、文化建设、和谐建设五个方面为主要内容，在全公司开展班组建设“星级攀升”竞赛活动。

创建标准是：

（1）安全生产无隐患、无“三违”；保质保量完成单位下达的生产目标、成本指标。

（2）班组管理实现质量标准化；班务公开透明，政策执行公开、公正。

（3）班组和谐、团结。

链接义煤

“星级攀升法”之评选表彰办法

每半年组织一次，评选等级分为三个等级，即：安全合格班组、安全先进班组、创新型明星班组。对获得“创新型明星班组”班组及其班组长给予表彰奖励，并对开展活动较好的基层工会及领导也给予适当奖励。

十一、人本和谐法

人是企业的主体，是推动企业科学发展的决定性因素。义煤集团牢固树立人本主体的理念，做到发展依靠职工、发展成果由职工共享。

（1）不断提高职工工作和生活环境条件。近几年来，义煤集团先后投入40多亿元用于质量标准化建设和矿井自动化建设，开展“五优”矿井创建和环境建设，使矿井面貌得到极大改善，尤其是消灭了爬行巷道，率先实现了工人只走上下巷的设想。为职工新建楼房484栋，共计170余万平方米，解决了7万职工家属的住房问题。

（2）把“职工富裕、企业增效”作为企业发展的目标，实现职工收入与企业发展同步增长。

（3）开展扶贫济困献爱心活动，做到“不让一个困难职工生活不下去，不让一个困难职工住不上房，不让一个困难职工看不起病，不让一个困难职工子女上不起学”。

链接义煤

“金秋助学”活动

义煤集团开展“金秋助学”活动，先后发放助学金489.84万余元，资助3137名困难家庭子女上大学，向困难职工发放救助金3150万余元，向患大病困难家庭发放救助金20.7万元。

（4）积极承担社会责任，提出“有社会责任感的企业才是优秀的企业，有社会责任感的职工才是优秀的职工”的理念。

义煤集团还先后向陕县“7.29”矿难、卢氏县特大洪灾、四川汶川“5.12”特大地震、青海玉树地震等灾区捐款捐物近亿元。

十二、亲情感恩法

义煤集团着力于以企业文化建设为抓手，推动企业和谐发展。

（1）建立了以“感恩文化”为总抓手，以“安全文化”、“精细文化”、“廉洁文化”为基本支撑的具有义煤特色的企业文化模式。

（2）在新的企业文化基础上，义煤集团确立了“真诚，同心，感恩你我他”的新企业精神。并积极开展“感恩父母”主题教育活动。

链接义煤

“感恩父母”活动·

规定凡义煤职工父母、祖父母年龄超过80岁的（含80岁），集团公司每月给老人发放感恩补贴100元，同时对这部分职工每年强制带薪休假一周，在家侍奉父母，积极开展“孝亲敬老”、“敬业奉献”等“感恩之星”评选活动，对先进个人给予大力表彰。

十三、典型引领法

（1）在班组建设中，选树培养不同类型的典型。义煤集团形成一批安全型、高效型、创新型、文化（学习型）、和谐型等各具特色的先进典型，以点带面，充分发挥典型示范和辐射作用，做到集团公司、矿厂（公司）、区队都有典型。

（2）充分利用各种媒体，采取多种形式，加大宣传力度，通过召开班组建设现场会、经验交流会等形式，强化班组建设的浓厚氛围。

(3) 大力开展先进班组和优秀班组长的推优评先活动，广泛开展以“比安全、比质量、比贡献”、提合理化建议、“争创学习型班组、争当知识型职工、争做安全示范（班组）”等竞赛活动，推进班组建设深入发展。

第四章

班组建设有成就

发现典型、培养典型、推广典型，是义煤集团公司最基本的班组建设工作方法。义煤集团公司在强化班组建设过程中，选树培养不同侧面的典型，形成了像义络公司、耿村矿、常村矿、观音堂公司、千秋矿、新安矿等一批安全型、高效型、创新型、文化（学习）型、和谐型等各具特色的先进典型。

第一节
固本强基塑文化，组织有力保安全

义煤集团义络煤业公司现有职工 2227 人，8 个生产作业区队，28 个班组，58 名班组长。按照义煤集团公司的统一部署，义络公司把强化班组建设作为促进企业安全生产的新载体，转变观念、创新方式，逐步形成了具有义络特色的班组建设新模式，收到了良好的效果，涌现出全国五一劳动奖章获得者、全国十佳特聘群监员崔永红等一批先进人物，为义络公司安全持续发展作出重要贡献。

一、提高认识，加强领导，扎实推进

（一）提高认识，思路清晰

班组是企业安全生产的基础，是一切工作的落脚点。义络煤矿把班组安全建设纳入到重要工作议程，成立了由党政一把手为组长的领导小组，确立了“以安全生产为核心，以队伍建设为基础，以精细管理为支撑，以制度建设为保证，以开展活动为载体，以严格考核为动力”的班组安全建设工作思路，建立起矿、区队两级活动室，明确了“不重视班组建设的领导是不合格的领导，班组建设不硬的单位就是不放心单位”责任意识，按照“党委为主导，行政为主体，工会协调组织”的要求，矿领导班子对班组建设进行了具体分工和安排，提出科室、生产区队“一把手”负责制，纳入到部门、区队的日常管理工作中。

（二）精心组织，责任明确

结合义络煤矿的实际情况，在反复讨论、广泛征求意见的基础上，出台了《班组建设实施方案》，明确了活动目的、组织领导、创建方法和具体要求。在推进过程中，先后制定了《班组建设考核评比补充规定》、《班组安全建设责任抵押金管理办法》、《班组管理办法》、《民主评议班组长的通知》、《班组安全建设考评标准》、《班前会规范》，以及《班组安全建设实施指导意见》等规定和办法。部门分工明确，实行班组建设责任包保制度，强调基层区队是班组建设的主体，规定了各级领导、各科室、区队及班组应该干什么、怎样干的责任管理办法和奖惩标准，并对照考核结果予以奖惩兑现，形成了上下联动、齐抓共管的工作格局。

（三）稳步推进，注重考评

为让干部职工充分认识班组安全建设的目的和意义，义络矿2009年召开了班组安全建设推进大会，连续举办了10期班组安全建设培训班，对生产区队32名队干部和58名班组长进行了全方位培训，购置了千余册涉及班组安全、基础管理等方面的书籍发到班组。先后在6个生产区队召开班组建设现场经验交流会，会上12个班组介绍了经验。同时，搭建了阶梯信息交流平台，在内部办公网上开设了“班组论坛”专栏，围绕安全生产、班组管理，广纳建议，相互交流，深入推进班组建设。在近三年的班组月度考评中，生产区队累积有81个班组（次）达到优秀班组，268个班组（次）达到了先进班组的等级，81名（次）班组长和180名职工分别被矿上授予优秀班组长、优秀职工称号。

二、完善“五个机制”，确保班组建设规范有效运行

科学完善的管理机制，是巩固班组建设有效发展的重要保证。为推动班组建设深入开展，义络煤矿以完善“五个机制”为抓手，全方位、多层次开展工作，确保了班组建设的深入发展。

（一）建立完善班组培训机制

按照国资委和集团公司有关班组长教育培训的规定，结合义络煤矿的实际，制定了《义络公司班组长安全技术培训管理办法》，每季度组织班组长进行一次培训，并对培训内容及授课教师提出了明确要求，做到年度有计划，季度有重点，对班组长培训实行建档管理。同时强化矿级培训，确保职工持证上岗率达到100%。购买了《班组管理手册》、《煤矿职工安全行为规范》、《煤矿安全必知必会》、《班前会每日一题》、《班组安全活动每日一案》等书籍发到每一个班组。要求各区队、班组利用职工政治学习日和安全学习日等固定时间，采用班组课堂、职工讲堂等形式，以操作技术、安全规程为重点，“干什么学什么，缺什么补什么”，积极开展班组内部培训。利用班前5分钟、班后总评和工作现场的机会，对当班的工作重点、岗位注意事项、危险点的控制，采取“明知故问”、“现场提问”等形式对职工进行随机训练，以此作为对职工教育的补充，做到工作学习化，学习工作化。

（二）建立完善班组自主管理机制

义络煤矿立足于“班组人管班组事、班组的事班组管”的管理理念，敢于放权，充分发挥班组自主、自发、自觉管理的能动性，使班组能够自觉地按章工作、主动工作，使班组长有权、有为，最大限度地激发班组的活力，激发职工的工作潜能。并在班组中倡导“把镜子转向自己”，每月集中一天开展“班长我来干，今天我当班”的角色互换活动，积极倡导“自己的安全自己管、我的岗位我负责”的安全观，开展查思想、查作风，解决思想松懈、作风漂浮、心态浮躁的问题；查现场、查隐患，解决安全管理不扎实、隐患排查不彻底、工作落实不到位的问题；查管理、查监督，解决有令不行、有禁不止、有章不循的“三查”、“三解决”活动。从而增强了

对薄弱班次、薄弱时段、薄弱环节的安全管理力度。

（三）健全完善班组民主管理机制

班组长、工会小组长、职工代表、先进班组长、先进职工等实行民主选举；制订班组经济实施方案、生产任务计划，以及区队经济分配等都要推行民主公开，广泛征求职工群众的意见；每月要进行一次班组民主管理会，每季度召开一次民主评议班组长会，并规定班组有三分之二以上职工参加方可召开，按照“职工关心什么就公开什么，想明白什么就说明什么”的原则，建立班务公开栏，职工工资、奖金分配等情况可随时公开。通过实施班组民主管理，及时化解了职工心理不平衡的各种矛盾，形成了班长关心、理解、尊重职工，职工爱护、支持班组长的团结和谐的良好氛围。

（四）建立完善班组现场管理机制

1. 开好班前会

各班组把开好班前会作为现场管理的第一道程序，从戴好安全帽、系好安全带等细节入手，明确工作中需要注意的问题及需要识别的不安全因素，落实相应的防范措施。

2. 抓好交接班

把班前安全确认、班后安全评估、现场安全交接作为第二道工序，加强作业中区域安全情况、设备安全情况、安全运行参数状况、危险点的检测、隐患整改等重要安全信息的对接，使接班人员迅速适应安全运行状态。

3. 完善“一班三检”制度

围绕作业现场、作业人员、作业环境等关键环节，进行定时、定点、定路线、定项目巡回检查，及时排查整改现场安全隐患，形成隐患排查、整改、上报等一系列闭合环路。

4. 现场落实“五个”到位

班组长是班组生产现场的领军人物，其管理水平、工作能力直接影响到班组安全建设的成败。在班组建设中，要把现场管理作为落脚点，班组长要切实做到“五勤”、“五到位”，并以此作为班组长每月考评奖罚的主要依据。

“五勤”、“五到位”就是：

（1）做到“口勤”，确保安全工作方向把握到位。“口勤”，就是要求班组长按照作业流程安全常识要常讲、常示范，把握安全工作的重点。

（2）做到“腿勤”，确保现场巡查到位。坚持一班三巡查制度，对重点部位重点检查，发现问题及时处理，不强令工人冒险作业、不违章指挥、不存侥幸心理。

（3）做到“手勤”，确保解决处理问题到位。善于发现隐患问题，树立超前意识、质量意识、事后总结意识，提高班组长的动手能力。

（4）做到“眼勤”，确保发现隐患问题到位。班组长要对班组安全工作有预见性、敏感性、超前性，对容易发生事故的岗位、工种、作业点做到心中有数。

（5）做到“脑勤”，确保问题查找到位。在抓好现场安全管理的同时，班组长要举一反三查隐患，常思考，常总结，认真提炼班组安全管理中的经验做法，不断提升班组现场安全管理水平。

（五）建立完善班组建设考核激励机制

1. 建立考评体系，形成考评制度

建立由职工、班组、区队共同参与的“四位一体”、“两公开一对照”为主要内容的班组建设考评体系，形成每月“一考核、一奖励、一兑现、一次现场会”考评制度。通过职工自评、班组自查，公开科室考核结果，对照两个结果查找存在的问题、追究相关责任

人，从而较好解决了班组建设与实际生产存在的“脱钩”现象，形成“以机制去落实责任，以责任去促进管理，以管理来规范行为”的良性循环。

2. 深入开展“优秀、最佳、模范班组长”月、季、年评选活动

将每月获得优秀班组的班组长命名为“优秀班组长”，将连续三个月获得优秀班组的班组长命名为最佳班组长；连续四个季度获得最佳班组的班组长被授予矿“劳动模范”。同时将优秀班组长列入重点党员发展对象，纳入后备干部管理范畴，有针对性地加以培养。通过互联网、电视、广播、宣传栏等多种形式，对优秀班组和班组长进行广泛宣传。

（六）建立完善班组建设精神文化机制

1. 制定《义络公司班组精神文明建设实施意见》

《意见》提出以班组道德建设和班组文化建设为抓手，以培育班组团队精神为着力点，通过班组精神文明建设，增强班组凝聚力，调动职工积极性，提高职工综合素质和班组管理水平，促进企业精神文明建设深入发展。从“工作目标、作风建设、环境建设、创先争优、法制教育、职能管理、保障措施、考核体系”等八个方面对班组精神文明建设工作提出新的要求，努力培养一支创新高效、诚实守信、爱岗敬业的职工队伍。

2. 成立班组安全建设协管会，开展“温情感恩”教育

重视发挥女职工和社区家属的作用，启动安全协管进区队、进班组，分别和8个生产区队、28个生产班组签订“一盯一”包保合同，组织女职工、家属到井口、到区队送安全茶，为一线职工缝补衣服，开展“安全五提醒”、“三保三比”、“四个一”、“送快乐到班组”等活动，女工及家属利用业余时间精心编排文艺小品、诗歌、

舞蹈等节目，深入生产一线进行演出，为一线职工送去精神“食粮”，使生产一线职工在潜移默化中受到安全教育。

三、班组建设“四三”管理法

（一）抓好“三个阶段”教育，提高班组职工素质

采掘二队坚持把班组作为提高一线职工安全素质和生产技能的主体，把抓好“三个阶段”的学习作为手段，对职工进行深入教育。

1. 抓好班前“5 分钟”

充分利用好班前会的短暂时间，让技术好、工作经验丰富的职工发挥优势，针对当班工作难点和不安全因素进行详细的讲解。

2. 管好生产每一班

开展现场安全管理“日清日安”、“日学日高”活动，采取当班安全测验、现场明知故问、工作手指口述等随机形式，督促职工熟练掌握采煤知识和操作方法。

3. 用好班组安全日

把班组课堂、职工讲堂作为技能培训的补充，通过每周一次的班组安全日，广泛开展“班组长安全寄语”、“安全知识竞赛”、“班组亲情对话”、“安全预知讲解”、“隐患危险分析”、“岗位安全座右铭”等活动，提高职工应知应会和现场操作能力。

（二）强化“三个观念”，激发班组活力

义络煤矿立足“班组人管班组事、班组的事班组管”理念，对班组给予信任，敢于放权，充分发挥班组自主、自觉管理的能动性，最大限度地激发班组的活力。推行岗位互换，强化团队观念。开展班组人员轮流担任“临时班长”，在班长监督下，行使班长权利，履行班长义务，体会班长付出的劳动和承担的责任，班后与其他班组

成员交流感受。换位管理推行以来，班组内部减少了牢骚和怨言，班组“一家人、一条心、一个目标、一股劲”的团队意识明显增强。

（三）完善“三个机制”，实现班组规范管理

1. 建立班组长动态管理机制

在班组长的日常管理中，将班组长作为一级组织进行管理，给每一名班组长建立职业档案，定期填写班组长个人安全及班组管理状况。每季度组织班组职工对班组长进行测评，对安全管理不好、违章指挥、冒险盲干、不执行规程规定的班组长，给予严格处理。

2. 健全班组现场管理机制

结合基层实际，制定班组建设实施细则和职工技能分级考评办法等规定，以及班组安全生产责任、班中巡回检查等12项管理制度。如：针对班组流程管理容易失控、个别职工不按规定标准和工序操作等问题，全面实行了岗位标准流程操作制度，规定每个岗位要反复组织实战演练，增强职工标准操作意识。同时还对物料存放、标志牌悬挂等都作了明确规定，实现有序、文明生产。进一步明确了区队跟班干部、班组长、安监员、质量验收员、群监员、青安岗员的职责，形成了分工明确、相互配合、操作规范、运行高效的班组管理机制。

3. 完善班组评选奖罚机制

一方面在班组间、班组长间推行“寻找他人闪光点”的互评、互选模式，把快乐工作法引入到优秀职工、优秀班组长的评选中，通过夸别人优点、查自身不足的方式，愉快地吸取他人的优点；另一方面对“三违”人员进行亲情感化教育，把对“三违”的罚款，邀请其妻子、父母到场，实行减半处罚，促其用家庭的“温情”予以帮教。此外，还采取了班组“三无”奖提前预发、违反后扣回的预罚款制度，限期内完成整改的不予罚款，预期未完成整改的则加倍处罚。这些措施都取得了较好的管理效果。

（四）运用“五字”管理法，实现安全与生产齐头并进

运用班组“五字”管理法，推行现场管理动态化。在实践中，义络煤矿总结出了“走、看、说、盯、听”五字管理法，并应用到班组生产现场管理中，取得了良好效果。

1. “走”

即在作业过程中，要求带班组长、安检员、群监员、质量验收员勤走动，勤检查，杜绝走马观花、只走一趟、走过为止等现象。而要通过过程巡查，实现跟踪监督，做到对工程质量、安全、进度、成本控制、文明施工的闭环控制管理。

2. “看”

即在走动过程中加强巡视、检查，仔细观察支护运输、机电设备、安全设施等生产环节，发现问题及隐患要及时汇报、处理，给本组和下班工作创造好条件，确保安全生产无隐患。

3. “说”

即把“抓安全、反三违”当作做好本职工作的重点，只要发现“三违”行为，不管什么人、不管什么原因都要及时制止，并进行事后说服教育，让职工从思想上认识到“三违”行为的危害，从源头上杜绝违章。

4. “盯”

即要求各代班班长、班组长在巡查过程中要盯住薄弱环节、关键岗位、薄弱地点、薄弱人员及新上岗职工，安排工作到人，勤动脑、动嘴、动手、动腿，盯人、盯流程，多思考分析，及时发现并处理工作中出现的问题。

5. “听”

即在班前会上、工作中要认真听取领导意见、安排；交接班时要认真听取上一班交代的安全生产情况及隐患；班组会上、工作中

要围绕本组生产任务、工作质量、规章制度、安全重点进行专题讨论，反复听取职工意见，对检查时发现的问题，要认真细致地进行处理，落实整改，确保安全生产。

通过“五字”管理法的实行，有效杜绝了安全生产中“物”的不稳定状态和“人”的不安全行为，为安全生产奠定了坚实的基础。

第二节 创新为根，精神为本

耿村煤矿位于河南省渑池县境内，是义煤集团上市公司“河南大有能源股份公司”的骨干矿井。始建于1975年，1982年建成投产，原年度设计生产能力120万吨，后经改扩建和多次系统改造，矿井生产能力达到年500万吨以上。建矿30多年来，累计生产原煤7000多万吨，现有职工5016人，生产班组108个。矿井先后荣获全国文明单位、“全国五一劳动奖状”、国家特级安全高效矿井、国家级安全质量标准化煤矿、全国煤炭系统文明煤矿、全国煤炭工业企业文化示范矿、全国煤炭工业五精管理样板矿、河南省国有企业“五好基层党组织”等荣誉称号。

按照义煤集团的部署和要求，耿村煤矿在加强班组建设过程中，大胆探索、敢于实践，不断创新班组建设的新方法、新途径，积极改进班组建设的工作机制，不仅有力推动了班组建设工作的深入发展，而且打造出了一支生机勃勃、敢打硬仗的班组队伍，促进了企业的安全、和谐、稳定和快速健康发展。

一、精心组织，着力推进班组建设

2009年8月，在中央领导作出全面推广“白国周班组安全管理法”的批示后，耿村矿立即在全矿开展了“学习白国周，我该怎么办”的学习讨论活动，矿领导班子召开专门会议，充分认识到加强班组建设，是推进企业安全发展的关键环节，更是安全生产和综合管理的基石，各项规章制度的贯彻落实，各项安全技术的推广应用，最终都要落实到班组、体现在生产现场。

矿领导把班组建设纳入矿井发展的框架内，以建立并完善班组安全生产管理机制，提升班组长整体素质，加强班组现场管理为目标，在全矿范围内大力开展学习“白国周安全管理法”活动。先后举行加强班组建设启动仪式和推进会，做出全面具体的工作部署，让干部职工进一步明确加强班组安全建设的重要意义。为了加强对班组安全建设工作的领导，成立了以矿长、书记任组长的班组建设活动领导小组，并由安检队、工会牵头成立创建活动考核小组，负责对集成区队班组建设活动开展考核考评，在全矿形成了“党政主导、工会运作、多方配合、全员参与”的班组建设工作新格局。

二、“1221”班组建设新模式

在班组安全建设活动中，耿村煤矿紧紧抓住班组建设工作关键，突出重点，创新班组建设新思路、新方法，逐步形成了以“夯基础、促安全、抓学习、重民主”为主要内容的具有耿村特色的“1221”班组建设新模式。

链接义煤

“1221”班组建设模式

“1221 模式”，即：第一个“1”是明确一个目标，把班组建设成为企业的安全堡垒与和谐之家；第一个“2”是搭建班组建设活动中心和首席职工工作站两个平台，建设学习型班组；第二个“2”

是创新班组星级攀升法和安全网络联保法两种方法，建设本质安全型班组；第二个“1”是推行班组民主管理“3+3”工作制度，建设和谐友好型班组。

（一）搭建班组建设活动中心和首席职工工作站“两个平台”，建设学习型班组

1. 成立班组建设活动中心，为提高班组长管理水平提供学习、交流平台

2009年，耿村煤矿率先成立了集团公司首个“矿班组建设活动中心”，中心内设有班组论坛学习室、绩效考核室、领导关怀室、信息收集室。中心遵循总结交流班组安全建设经验，增强班组长学管理、学业务的积极性，提升班组长综合素质，为矿井提供充足后备人才，促进企业可持续发展的宗旨，进一步转变班组长的管理观念。

每个班组建设活动中心的主要任务：

一是组织班组长进行学习交流。每个星期一到星期五，机电系统、采煤系统、开掘系统、通安系统、地面系统的班组长在论坛学习室进行学习交流，相关职能科室的科长参加，及时解答班组长提出的安全生产存在的问题，并结合矿井的安全生产情况，每月进行一次综合讨论，每季度举办一次论坛。活动中心由专人负责，并把发言材料装订成册，结集存档。

二是作为信息收集室，对班组长及班组开展的合理化建议、小革新、小发明进行收集发布。两年来共整理应用小革新小发明57项，直接或间接创造经济效益187余万元。信息收集室每天汇总班组长的信息汇报，将班组长提出或发现的问题及时反馈给相关的职能科室和区队，并落实整改，由班组建设活动中心的工作人员每十天对区队班组进行走访、落实。

三是每月底由班组建设考核小组分系统对全矿26个单位108个

班组，从安全生产、文明生产、班组管理制度、班组记录、劳动竞赛等方面，按照耿村煤矿班组建设考核办法进行考核打分，并汇总到班组建设活动中心绩效考核室，作为班组和班组长奖惩的依据。耿村煤矿把这种班组建设考核办法概括为“236621”体系。

链接义煤

“236621”体系

第一个“2”是班组长的安全考核和工作绩效考核；“3”是班组的三无考核（无三违、无隐患、无事故）；第一个“6”是六有班组管理（安全有目标、操作有规程、考核有依据、管理有规章、检查有记录、班组有群监员）；第二个“6”是作业无三违、作业无事故、设备无缺陷、环境无隐患、制度无缺陷、教育无遗憾；第二个“2”是每月班组的优秀职工和潜力职工评选；“1”是指班组安全网络。

2. 成立首席职工工作站，为班组长提高业务技能提供平台

2010年4月，耿村矿把18名有绝活的首席职工、技术大拿、高级技术、技师都集中起来，在职工培训中心成立了“首席职工工作站”，工作站下设交流研讨室、拓展学习室、管理考核室。工作站以“发挥首席职工的技术优势，建成矿山新技术推广中心、矿山机电故障诊断救援中心、高技能实用型人才孵化器，带动职工学技术、钻业务，提高全员劳动素质”为重任，及时解决班组生产中遇到的技术难题。工作站通过技术培训、技术攻关、“三新”推广应用、课题研究、技术革新等形式，引导班组长研究解决现场生产中遇到的难题。在其他区队生产遇到技术难题时，随叫随到，每半月至少集中一天时间，到工作站集中研讨安全生产工作中遇到的问题。

(二) 创新“星级攀升管理法和安全网络联保法”，建设本质安全型班组

1. 推行班组“星级攀升管理法”，激发职工的安全意识和团队创先争优意识

具体运作规程是：

(1) 办法实施之初，所有班组起点均为零级班组。

(2) 连续两个月不发生“三违”现象或无安全事故的班组，可晋升为一星级班组。

(3) 连续四个月不发生“三违”现象或安全事故的班组，可晋升为二星级班组。

(4) 连续六个月不发生任何“三违”现象或安全事故的班组，且工程质量和生产任务达到优秀的，可晋升为三星级班组。

(5) 连续八个月不发生任何“三违”现象或安全事故的班组，且生产任务、工程质量和班组民主管理等四项指标均达到优秀的，可晋升为四星级班组。

(6) 连续十个月不发生任何“三违”现象或安全事故的班组，且生产任务、工程质量、班组民主管理和成本等五项指标均达到优秀的，可晋升为五星级班组。五星级班组，由矿上命名表彰外，还自动获得年度矿先进班组，且一次性给予5000元的奖励；其班组长作为副科级干部的候选人，予以重点培养、择机使用。

另外，耿村矿还把26个生产区队划分为五个攀升系统，各系统由矿分管领导任组长，成立指导考核小组，负责对各个系统进行指导和考核。星级攀升实行动态管理，在星级攀升中，所有被命名的班组，不管已得到何种等级，一旦发生安全事故或重大工程质量事故，其星级一律退回到零级，然后重新进行攀升。“星级攀升管理法”运用了政治激励、经济激励、精神激励三种激励形式，充分激发了职工，特别是班组长的积极性和创造性，大大提高了班组安全

管理水平。

2. 实施“安全网络联保管理法”，激发职工安全责任感

“安全网络联保管理法”，是把全矿原有的108个班组的一线职工，划分为500个安全网络小组，每个小组民主选举出一名小组长，负责开展本小组安全网络建设活动。矿上每月拿出30万元对每个小组成员给予补贴。井下一线小组成员每月补助100元，小组长补助150元；井下辅助小组成员每月补助60元，小组长补助100元；地面小组成员每月补助30元，小组长补助50元。

具体考核指标内容是：

（1）班组、区队实现安全生产。

（2）落实周安全学习计划，有记录可查。

（3）个人无“三违”。

（4）按时参加各种安全培训并考试合格。

（5）个人出勤次数达到20班以上。

（6）严格执行安全生产管理制度。小组成员出现违章1人次的，取消当事人补贴，其他小组成员补贴减半；出现违章2次、轻伤事故、一级责任事故或三级非伤亡事故的，取消所在小组成员补贴；出现重伤事故、重大责任事故或二级非伤亡事故，取消责任人所在区队所有人的补贴。

两个管理法的实施，充分调动了班组参与创建本质安全型活动的积极性，实现了班组建设目标由安全生产型向本质安全型的转变，班组的管理由零散型向系统型转变，职工安全管理由过程控制型向事先预防型转变，职工安全态度由被动约束型向主动自发型的转变。各小组在精神鼓励和经济杠杆的驱动下，职工间相互排查、相互监督，有效控制了安全隐患和“三违”现象。

（三）推行“3+3民主管理法”，建设和谐友好型班组

为使班组民主管理常态化、制度化、规范化，切实保证职工直

接参与班组民主管理的权利，耿村矿在班组建设中创造推行了班组“3＋3”民主管理办法，即班组重大事项必须经过班组长或工会小组长提议、班委会商议、班组全体会议讨论并形成决议的“三议”程序，做到队委会公开、班务会公开、区队民主管理会上公开的“三公开”制度。班组重大问题公开是指生产任务完成情况、各种材料使用和节约超支情况、各种劳动竞赛组织考核情况、职工考勤情况、职工工资（工分/分值）分配情况、各种奖罚及班组长的民主评议等内容公开。

（四）制定十二项行为准则

为确保班组民主管理制度的顺利实施，耿村煤矿还制定了班组长十二项行为准则。

具体内容是：

（1）遵章、遵纪、遵法。

（2）同心、同德、同力。

（3）容人、容言、容事。

（4）公开、公正、公平。

（5）尽心、尽职、尽责。

（6）有理、有利、有为。

（7）自警、自律、自尊。

（8）坦诚、坦荡、坦白。

（9）无私、无欲、无畏。

（10）热心、耐心、细心。

（11）关心、关怀、关爱。

（12）和睦、和谐、和美。

三、提高水平，筑牢安全生产根基

班组长是班组安全管理的第一责任人，肩负着指挥全班安全生产的重任。为把安全生产落实到现场，做到安全工作重心下移、关口前移，将事故隐患及时消灭在萌芽状态，耿村矿坚持以规范班组管理为重点，以提高班组长素质为抓手，严格实施对班组长的管理、使用和考核制度，从而调动了班组长的积极性、主动性，促进了煤矿的安全生产。

（一）严把班组长选用关，确保用人得当

班组长作为现场生产管理的领军人物，在选用班组长时，必须高标准严要求。班组长应具备的条件是：

（1）热爱煤炭事业，关心企业发展，思想政治素质高，责任意识强，具有良好的职业道德。

（2）具有高中及以上文化程度和相应的工作经验，大中专毕业生必须在生产一线锻炼过。

（3）能够自觉执行集团公司和矿上的安全生产方针政策，模范遵守安全生产法律法规、企业规章和规程措施，敢于同“三违”现象作斗争，自觉做到不安全不生产。

（4）能够熟练掌握本班组生产工艺流程，正确使用、维修和保养设备，熟悉矿井相关专业灾害预防和现场应急措施，具备安全精细化管理基本知识。

（5）服从组织领导，工作坚持原则，做事公道正派，有较强的组织管理能力和团队协作精神，善于做职工的思想政治工作，促进班组团结和谐，在职工中享有较高的威信。

（6）身体健康，年轻有为，精力充沛。

（二）规范任用程序，实行双重管理

班组长实行聘用、公开招聘、民主选举的方式，真正将责任心强、业务过硬、作风扎实、敢抓敢管、职工信赖的生产骨干选拔到班组长岗位上来。

1. 坚持公推公选

按照班组长任职条件，由本人提出申请，经矿组织审查后，对符合条件的人员进行公示，组织相应笔试和面试，优胜者经张榜公示，履行组织任命程序。

2. 民主选举推荐

由所在区队组织，采取组织提名、个人申报等方式确定人选，采取职工无记名投票、民主评议等方式选举，得票半数以上者被视为合格，优胜者经张榜公示，履行组织任命程序。

3. 班组长按规定进行更换

班组长需要更换时，由其所在单位写出具体理由，并以报告形式向矿上提出申请，经安全矿长和工会主席共同批准后，才能予以正式更换。

（三）建立奖励约束机制，明确班组长责任

通过建立绩效考核、星级攀升和明星班组长评选制度，对班长实行量化打分，做到精细化管理，提升班组长的责任心和工作积极性。

1. 健全班组长考核机制

根据班长工作内容和安全、生产、质量、民主管理等职责要求，进行量化打分，并将结果与班组长的待遇紧密挂钩，合理加大安全在班组长收入分配中的比重。

2. 健全班组激励机制

结合行业特点，科学合理设定班组长津贴标准，切实提高班组长的政治、经济待遇。对做出突出贡献的班组长，给予经济上、精神上、政治上的奖励。对获得上级表彰的班组长，除依据有关规定和程序择优提干外，还要重点培养发展入党，优先安排外出疗养和考察学习等。

3. 建立竞争淘汰机制

每季度对班组长的思想素质、履责能力和遵章守纪等情况进行综合评定，对工作不胜任、不称职的，及时予以调整。对出现失职、违纪或严重违章指挥等行为的，要按有关规定给予严肃处理。

4. 建立撤换班组长机制

撤换班组长应由区队提出撤换理由，严格按照双重管理程序办理，避免随意撤换班组长。

5. 提高班组长管理层次

将班组长岗位工作经历纳入矿区队后备管理人才库，近两年已有 18 名班组长走上领导管理岗位。

两年来，各区队还根据本单位实际情况，创新推广了“八大安全工作法”、“234673 管理法”、“五步法”、“一验二查三监督”等一系列班组管理法，对全矿的安全生产、提高经济效益、降低成本均起到积极的作用。两年里全矿“三违”率下降近 50%，事故率同比减少了 7 成以上。通过不断创新班组管理，使班组的业务素质、技术素质及班组的整体素质有了较大幅度的提高，班组管理水平明显提高，涌现出了刘和平、杨彦辉、焦建伟等一批优秀班组长。其中 2010 年刘和平被授予“全国煤矿十佳班组长”，被全国总工会授予“全国五一劳动奖章”。杨彦辉班 2011 年被授予“河南省学习型组织标兵班组”。

第三节
公推公选班组长，管理创新增活力

义煤集团常村煤矿位于义马煤田东部，距离九朝古都洛阳西 56 公里，黄河明珠三门峡东 68 公里，煤田面积 13.1 平方公里，矿区面积3平方公里，现有职工4518人，班组118个，矿井设计生产能力为180万吨，先核定生产能力220万吨，采掘机械化程度100%。煤种为优质长焰煤，是优越的动力和化工用煤。

多年来，常村煤矿认真贯彻落实党全心全意依靠工人办企业的指导方针，坚持以创建劳动关系和谐企业为载体，始终把班组建设作为企业安全生产的基础，公推公选班组长，把民主管理渗透到班组建设的每一个环节，从而有效地激发了班组活力，调动了广大职工的积极性和创造力，推动了矿区和谐健康发展。先后被授予全国“五一劳动奖状”、“全国煤炭工业先进集体”、“全国五精管理样板矿”、“全煤企业文化示范矿”、“全国煤炭工业节能减排先进单位”、“全国科技先进双十佳矿井”、“河南省文明单位”等荣誉称号。

一、“二一三四”班组长公推公选法

班组长作为兵头将尾，在煤矿安全生产中占有举足轻重的地位。选拔好使用好职工公认、素质高、能力强的班组长，已成为提高班组管理水平的重要手段。常村矿在班组建设开展伊始，就把民主选拔班组长放在突出位置，积极鼓励引导职工参与民主推选活动，行使自己的权利，选拔自己认可的班组长，并把“公开选拔、民主评议、培训教育、落实待遇”贯穿于班组长管理的全过程，将优胜劣汰的竞争机制引入班组长队伍建设，尽快改变过去班组长任用不规范、整体素质不高的问题。在实践中，他们探索总结出了“二一三四”班组长公推公选法。

1. “二”：制定两个办法

一是为使班组长公推公选程序规范，公开透明，常村矿制定出台了《常村煤矿班组长管理条例》和《班组长选举办法》，对班组长的设置、任职条件、聘用程序、解聘条件都作了严格规定，从而明确了班组长的职权，规范了班组长任免程序。办法规定：班组长选拔采用自荐、组织推荐、职工选举的形式，具体由区队组织，工会、组干、安监等部门审查监督。《条例》和《办法》的出台，为班组长的公推公选提供了制度保障。

2. “一”：抓好一个关键

候选人的产生是班组长公推公选的关键。班组长公推公选能否成功，主要在于候选人的产生。为此，常村矿成立了由安全矿长、工会主席任组长，相关科室负责人为副组长的班组长选拔领导小组，直接负责班组长的选拔任用和监督指导工作。在候选人自荐和推荐过程中，领导小组严格按照班组长任职条件进行严格审核把关，确定班组长候选人。

3. “三”：做到“三个公”，即“公开、公平、公正”

按照“公开、公平、公正”的原则，由基层区队召开职工大会，班组建设办公室进行监督，采取无记名投票、差额选举的办法，在候选人中选拔出职工公认的班组长。为使推选的班组长充分发挥作用，常村矿坚持每半年对班组长评议一次，对胜任率偏低，能力较差的班组长，由所在单位党政领导找其谈心帮教，对不胜任的，建议给予撤换。通过近年来的工作实践，民主选举产生的班组长具有更高的责任心和危机感，他们技术业务精，群众基础好，工作能力强，所带班组在安全生产、技术创新方面都取得了较好的成绩。2011 年，通风队班长刘小伟在河南省煤炭系统互捡工技术比武中获得第一名，被授予河南省“五一劳动奖章”，综机车间班长罗永福被授予“全国技术能手”和河南省第八批优秀工人专家称号。

4. “四”：提供四个保障

（1）组织保障。

常村矿规定，推选产生的班组长，必须经工会主席、安全矿长签字，安监科、工会备案后才能正式任用。凡是没有在工会、安检部门备案的班组长不予认可，凡是在公会、安检部门备案的班组长不得随意撤换。

（2）政治保障。

推选产生的班组长必须纳入矿井后备干部人才库，由组织部门统一备案管理，提拔区队副职必须在班组长中产生。同时在评先、晋级、晋职等方面向班组长倾斜，对连续三次被评为矿安全先进班组的班组长，除给予奖励外，还组织外出参观学习；对连续四次被评为矿安全先进班组的班组长直接授予劳模称号；获得荣誉称号的班组长，在提拔干部时优先考虑任用。2010 年以来，全矿共有 46 名班组长被评为矿劳模，25 名班组长被提拔为中层干部。

（3）经济保障。

对班组长实行职务津贴和班组安全建设风险抵押金制度。班组长除享受职务津贴外每季度每人抵押 300 元，对“无三违、无事故”的班组奖励 1000 元～2000 元，给班组长 500 元的奖励；每半年对班组建设先进单位、安全先进班组、优秀班组长进行表彰奖励。近年来，全矿共评出安全先进班组 120 个（次），集团公司十佳班组 3 个，其中综采队生产一班被评为全国煤炭安全先进班组。

（4）培训保障。

常村矿每年都要对班组长制订相应培训计划，建立并完善班组长培训档案，详细记录班组长的培训及学习考核情况，定期组织召开班组长经验交流会。同时，积极选送优秀班组长到高校深造，鼓励大中专毕业生到班组锻炼，竞聘班组长。

二、完善“三大机制”

班组安全建设是一项长期的战略性工程，有了好的班长带头人，还必须要有完善的机制作保证。为此，常村矿在选好班组长的同时，逐步健全完善了“领导、管理、考评”三大机制。

1. 完善领导机制

成立了以矿长、书记为组长，分管矿长为副组长，有关部门负责人参加的班组建设领导小组，领导小组下设活动办公室。同时，各基层区队也相应成立了由区队一把手任组长，其他成员、记录员、群监员参加的区队班组建设领导小组，健全有力的领导机构为班组建设提供了组织保障。

2. 完善制度机制

常村矿在建立班组建设18项制度的基础上，又补充制定了《班组民主管理制度》、《班组安全活动制度》、《一班三查、安全一确认制度》、《常村煤矿班组安全建设考核评比标准》、《常村煤矿班组建设安全建设责任抵押管理办法》等规章制度。精心设计了安全质量、精神文明台账，涉及班组建设18项内容，规定班组日填写、月总结，矿不定期检查，为安全生产提供了重要保证。

3. 完善考核机制

常村矿近年不断完善矿、区、班组三级考评机制，矿班组安全建设办公室每季度对基层区队班组建设情况进行考核，区队每月对班组进行考核，班组每月对职工进行考核，考核结果与区队长、班组长安全抵押金和职工工资奖金挂钩，奖惩兑现。

三、建立"一二一四五"管理新体制

班组管理是班组建设的核心，是做好各项工作的前提。为此，常村矿围绕"一二一四五"机制，即："开好一个班会、抓好两项工作、严格一班三查、创新四项载体、推行'五进'"活动的办法，来激发班组的活力。

1. 开好一个班会（班前会）

为开好班前会，常村矿推行了班前精准安全确认制度，制定了《关于认真实施班前会精准安全确认制的通知》，规范了班前会的八个步骤，并对班前会的时间、内容、记录、考核进行了具体要求，从源头上强化了职工的安全意识。

班前会的八个步骤是：

（1）班前签到确认。

（2）班前影响职工安全的危险因素排查确认。

（3）班前安全三人联保确认。

（4）班前“每周一题”培训。

（5）班前布置当班任务。

（6）班前安全预想。

（7）班前生产任务确认。

（8）班前安全宣誓。

2. 做好两项工作（两述两化）

为规范职工文明行为和操作规程，常村矿推行了“两述两化”活动。结合每个工种实际，整理了手指口述和岗位描述内容，要求每位职工都会背诵岗位职责，都会岗位描述、系统描述、手指口述、危险源辨识和避灾路线等，做到熟练应用，并对职工打旗排队、礼貌乘车等行为也进行了规范，以此确保职工按章操作，避免各类事故的发生。

3. 严格一班三查

每班由跟班队长、班组长、群监员对工作现场环境、设备情况、人员行为进行班前、班中、班后检查，确认安全后方能生产，并认真填写一班三查记录。

4. 创新四项载体

（1）创新潜力班组帮教活动。

对每季度评出的潜力班组进行帮教，帮助他们分析班组管理、安全生产中存在的薄弱环节和问题，督促制定整改措施，使其尽快达到安全先进班组标准。

（2）积极开展无隐患班组创建活动。

采取安检员地区查、干部走动查、群监员当班查、区队每周自查等方式。对井上下安全隐患进行全面排查，按照安全隐患评估工作法，对排查出来的隐患主客观因素进行综合分析，制定措施，认真整改。

（3）积极开展“星级攀升”竞赛活动。

制定《常村煤矿班组建设“星级攀升”竞赛活动实施方案》，开展了“安全生产班组，人人都是安全员”的创建活动，明确了创建目标、创建标准和奖罚措施。

（4）积极开展特色班组创建活动。

按照系统分工，在机电区、车间等技术人员密集的单位，开展“技术型、创新型”班组创建活动；在采掘区队开展“安全型、效益型”班组创建活动；在运输通风系统开展“和谐型”班组创建活动，在地面单位开展“服务型”班组创建活动，从而有效地促进了班组建设的纵深发展。

5. 开展“五进”活动

（1）安全协管进班组。

班组协管员与“三违”职工谈心帮教，开展丰富多彩的活动，以寓教于乐的形式提醒职工时时关注安全。

（2）民主管理进班组。

推行民主管理、班务公开，内容包括安全生产、工资奖金分配及结果，职工评先评优、奖罚等情况。基层班组每月召开一次民主管理会，对涉及职工切身利益的问题进行集体讨论，民主决策。

（3）安全理念进班组。

在全矿开展班组安全理念征集活动，每个班组结合实际制定本班组的目标愿景和安全理念，利用目标愿景激励职工，用先进理念引导职工，营造人心思齐、人心思上的良好氛围。

（4）文明行为进班组。

以推行手指口述、岗位描述、五精管理为重点，进一步规范职工上岗行为。

（5）亲情教育进班组。

在矿安全化长廊制作了“全家福”，在区队班组活动室悬挂温馨的生日看板，开展了区队长、班组长为工友职工过生日、送安全祝福等活动。

“五进”活动开展以来，常村矿出现了“要我安全”到“我要安全”的新气象。

第四节 选好用好班组长，建立班组新体制

新安煤矿包括采、掘、开、机、运、通等16个单位，87个班组，设计生产能力150万吨/年，现有职工4553人。班组长是煤矿安全生产最基层的管理人员，是井下安全生产的直接组织者，起着承上启下的重要作用。因此，班组长必须是具备思想好、责任强、技术精、懂业务、会管理、作风正、干劲足、有威信的高素质人才。新安煤矿自2009年开展班组安全建设以来，从提升班组长素质入手，强化班组安全建设，提高班组管理水平，从而保证了安全生产持续平稳发展的好形势。

一、建立班组管理新体制

1. 建立“六个三”班组管理法

即“加强矿、队、班三个层次管理；开展组织、制度、文化三项建设；建立正向激励、考评处罚和长效培训机制；开展月检查、季考核、年表彰三大活动；班组长必须履行安全管理、生产管理、质量管理三大职责；班组长行使安全管理、生产组织、考核评分三项权力。”

2. 在班组建设中推行“123”工作法

即：“一个加强”，加强班组安全建设；“两项学习”，学习集团公司关于加强班组安全建设文件精神，使干部职工充分认识到班组

安全建设的重要性，学习“白国周班组管理法”，结合实际工作推广应用“三项健全”（健全班组建设各项制度、健全班组安全和精神文明台账、健全考评机制）。

3. 实行“3+2”联保互保责任管理法

即：矿长与科、队长，科、队长与班组长、班组长与职工实行逐级联保，班组之间、班组成员之间结成互保对象，共同保障安全生产。

4. 实行班组建设责任风险抵押制度

对科、队长进行班组建设风险抵押，增强了基层单位做好班组建设的责任感。

5. 改进评比表彰

把区队分为三大块，井下一线为A组，井下辅助队为B组，地面辅助队为C组，每季度对各区队班组检查考核，根据基层上报的自查表和安检科等职能部门提供的有关材料，班组建设办公室进行综合统计汇总，并对考核结果进行排序公布。对班组建设前3名，矿通报表扬，并给予物质奖励；对后进的班组及时提出整改意见，并按照《新安煤矿班组建设抵押金管理办法》沉淀部分抵押金，从而调动了各级参与班组建设的主观能动性，促进了班组安全建设的不断深入开展。

二、重视发挥班组长作用，培育良好的团队精神

兵再好，没有良将调度组织，还是散兵游勇。班长是一个班的灵魂，除了对班组长的业务技术能力有过硬的要求外，还应该关注班组长的组织协调能力、情感沟通能力，培育良好的团队精神，使班组成员在工作中产生1+1>2的效果。

在全面推进班组安全建设的过程中，新安矿始终把提高班组长素质作为关键环节去抓。

1. 把班组长纳入准管理岗进行管理考核

新安矿先后制定了《新安煤矿班（组）长管理办法》、《新安煤矿队、班（组）长职能考核方案》，加强了对班组长工作日常管理和领导，在基层单位对班组长推行班（组）长公推公选民主选举制度。

2. 经常了解班组长的思想工作情况

矿班组建设办公室组织有关人员，不定期深入基层班组找职工座谈交流，了解他们心目中理想的班组长是什么样的，是不是自己的知心朋友，是否关心每个职工的成长，有没有长辈一般的慈爱之心，重视每一位职工。当职工在工作中有情绪、有困难时，班组长能不能主动与他们沟通，帮他们一起想办法、找原因，共同解决。

3. 对班组长实行双重管理

区队更换班组长，必须报矿长及工会主席同意，才可执行，加大了对班组长的监管力度。

4. 重视使用班组长

根据班组长平常的工作表现和季度、年度考核情况，对考核优秀的班组长，优先推荐到领导后备干部库。近几年来通过对班组长素质的提升，对表现优秀的班组长，经过严格考核，有13名班组长相继被选拔到中层干部岗位上，起到了示范作用，为班组长和生产骨干做出了榜样。这些从班组长中提拔出来的干部，在做好本职工作的同时，也更加注重班组安全建设。

三、加强教育培训，全面提升班组长素质

全面提升班组长素质是加强班组建设的关键环节，必须高度重视，切实抓好。

1. 加强对班组长的教育培训

新安煤矿对班组长的教育培训，做到了经常化、制度化、规范

化，在全矿营造了“干部学管理、工人学技能”的氛围。

（1）开办中专学历、大专学历班。

根据班组长的现状和集团公司的有关要求，开办了班组长中专学历培训班，邀请河南工程技术学校到新安矿合作办学，设立了采煤、机电、通风三个专业，由经验丰富的大学老师授课，对全矿班组长和生产技术骨干进行专业技术系统性的培训，使他们掌握相关专业知识，提升班组长综合素质，截至 2011 年年底，共培训学员 315 人，经过考试全部毕业。为了使班组长和生产骨干不出家门就能接受高层次的教育，新安矿又开办了大专学历班，目前有学员 259 名。

（2）举办班组安全生产培训班。

聘请副总工程师以上和经验丰富的专业技术人员当讲师，传授安全生产中的操作知识和技能技术，提升班组长的技术业务能力。已开办培训班 4 期，培训班组长 300 人次，合格率达到 100%。

（3）开展思想道德教育。

通过向全矿职工发放《百篇国学经典读本》、《好职工熟读弟子规》、《新安煤矿安全文化手册》、《新安煤矿班组文化手册》、《新安煤矿典型事故案例汇编》、《新安煤矿企业文化手册》、《新安煤矿感恩文化》等图书材料，并在矿区增设“二十四孝图”、“弟子规”等人文景观等，潜移默化地对广大职工进行思想道德修养教育，增强职工做好安全生产的自觉性、主动性、积极性。

2. 开展经验交流活动

（1）每个季度召开一次全矿班组长经验交流座谈会，给班组长提供一个学习交流提高的平台，促进班组建设不断深化。

（2）在全矿班组中开展合理化建议征集活动。对征集到的合理化建议每季进行汇总并交矿领导批示，分管科室限期落实整改。2011 年共整改落实合理化建议 51 条，通过整改有力推动了班组建设的深入开展。

近年来，新安矿在班组安全建设中，从提升班组长素质入手，着力提高班组管理水平，取得了显著成绩。涌现出了“全国优秀班组长陈富强”、河南省“五一劳动奖章”获得者庞学文。开拓一队陈富强班组被命名为河南省“工人先锋号”。这些优秀班组长为强化班组建设，推进新安矿科学发展、安全发展、和谐发展起到了重要作用。

第五节
塑造安全文化，保障安全运行

班组安全文化，是企业文化的重要组成部分，是煤矿班组建设的灵魂和根本。

观音堂煤矿在加强班组安全建设实践中，把打造班组安全文化作为主题，以加强班组制度文化、班组精神文化、班组人本文化建设，在完善班组安全建设制度，加强现场安全监督检查，营造安全生产氛围，促进安全生产稳定发展，提高班组安全管理水平上取得了显著成效。

一、强化班组制度文化建设，规范班组安全建设活动

制度是加强班组安全建设的关键环节，是实现班组安全建设的科学化、规范化的重要保证。观音堂煤矿建立严格的班组安全建设制度机制，为班组安全建设顺利进行提供可靠保障。

1. 建立完善的班组建设制度体系

根据煤矿的实际情况，观音堂煤矿先后制定了《观音堂煤业公司班组安全建设实施办法》、《观音堂煤业公司班组安全建设十项推测》、《观音堂煤业公司班组安全建设考核细则》等18项规章制度。

同时还健全完善了《安全质量、精神文明班组建设台账》、《班组建设月、周记录》及《井下班组建设记录》等制度，规范了班组日常管理，形成了责、权、利相统一的班组安全建设考核运行机制。同时还建立了大学生进班组管理办法、班组长公推公选任用办法，《井下班组长队伍建设指导意见》，从思想、年龄、文化层次、业务等方面规范了班组长选拔任免程序。

2. 开展“三零”班组安全建设活动（“零事故”、“零隐患”、“零容忍”）

观音堂煤矿制定了星级班组、先进班组、合格班组和最差班组“四级”班组竞赛评价标准，建立了班组当班考核、区队月度考核、公司季度考核三级绩效考核体系。在绩效考核的基础上，区队每月评选“星级班组”和“星级班组长”，矿上每月评选“最佳班组”、“最差班组”，每季度评出“星级班组长”。被评为“星级班组长”，除在经济上进行激励外，还在提拔使用、发展入党、推荐评先、外出疗养、考察学习等方面都给予照顾奖励。近两年，先后有20余名班组长被提拔为区队副职管理人员，60余名班组长分别被安排外出疗养、考察学习。

3. 加强班组精细化管理

观音堂煤矿建立了主管队长、材料员、班组长“三位一体”的材料发放审批程序，严格执行“三不发”和“三不发新”的发料原则。同时及时跟踪分析掌握领用材料在现场的去向和使用情况以及废旧物资在现场的复用情况、未使用完的材料配件在现场的余料情况以及本班组对材料的回收上交情况等，从源头上杜绝了“跑冒滴漏”和“大料小用、弃旧用新”等浪费现象，有效降低了吨煤成本，提高了经济效益。

4. 健全完善班组管理制度

规范班前会程序，强化班前礼仪，搞好班务公开，将每天的得分、奖罚公开，劳保、福利发放公开，全方位实行“阳光管理”。在班组成员间开展“三句话”活动（自己说一句寄语，想一句亲人嘱托话语、听一句工友安全提示）、“三必提”（班前必须提出问题，班中必须温馨提示，班后必须进行提问和总结）、“三确认”（班前、班中、班后对现场安全质量进行确认）活动，规范了“班后点评”制度，每班工作结束后，班组长进行当班工作点评，消除管理的盲区，减少工作失误，严格防止各类安全事故的发生。

5. 规范班前会流程制度

为进一步规范区队班前会管理，提高班前会质量，实现班前会程序化、规范化，观音堂煤矿下发了《关于进一步规范班前会流程及内容的通知》，将班前会流程细化，确立了“班前红歌、班前点名、班前安全培训、班前交流、值班队干部部署当班工作、跟班队干补充完善当班工作、班长具体落实、打旗排队入井”等8个班前流程，切实将班前会和交接班制度落到实处，落实到每个职工的思想上、行动上。

通过各项制度的落实，提高了班组现场安全管理水平和执行力，确保了工程质量和工作质量，有力促进了煤矿安全生产，营造了人心思齐、人心思进，上标准岗、干标准活、干放心活的良好氛围。

二、培养班组精神文化，促进职工行为意识养成

1. 落实“六化”安全理念

“六化”指的是：

一切工作标准化、一切管理精细化、一切行动军事化、一切检查动态化、一切行为规范化、一切思维超前化。

井下开展“三述三化一确认”、井上开展“三讲三做一树立”活动，并利用春、秋两季，开展全员岗位准军事化训练，规范职工操作行为。各区队还做到出入井打旗列队，见面相互问好，岗位操作互保联保，上标准岗，干标准活，使职工工作与生活行为得到统

一规范，班组荣誉感、团队意识不断提高。

2. 开展“千人上讲堂”活动

三年来，观音堂矿已有800多人次上讲台讲课，41600多人接受培训，让拥有一技之长的班组长、普通职工走上讲台，分享自己的亲身经历和特长。实行了百分制考核制度，参培人员对授课人的授课内容、讲课艺术、是否使用课件以及课件质量、普通话等方面进行考核打分，编辑出版了百年观音堂系列丛书（五）《事故案例汇编》，发放《煤矿安全顺口溜》等知识书籍，利用历年事故案例，教育广大职工警钟长鸣，全面提升干部职工文化素质和业务素质。做到年有计划、月有安排，充分利用晚上业余时间组织职工进行素质教育，在全矿范围内开展“创建学习型班组、争当学习型职工”的活动，汇编印发《千人上讲堂》，实行“干部任职安全资格”和“职工岗位安全资格”“双考”制，每年春、秋两季组织考试，成绩与个人任职、待遇、收入直接挂钩。

3. 搭建职工参与班组安全建设舞台

区队增设投影、电脑等设备，开展“班组讲堂”，让班组职工当讲师，讲工作、讲技能；聘请专家举办讲座，讲班组管理知识、讲安全知识、讲经济形势、讲企业发展方向，让班组职工全方位学习新知识，掌握新技能，了解新信息，从而有效提升了班组职工的整体素质。同时，开展形式多样的班组安全建设活动，因势利导，循序渐进，对职工进行安全知识、安全法律法规教育，使职工实现从“要我安全”到“我要安全”的转变，牢固树立“责任有我，我有责任；安全有我，我必安全”的理念，为实现安全生产奠定基础。

三、塑造班组人本文化，营造企业和谐亲情氛围

观音堂煤矿将安全管理关口前移，重心下沉，充分发挥班组的主观能动性，使安全责任真正落实到人。坚持“文化育人”，给职工以人文关怀，带着感情开展安全宣传教育工作。

1. 广泛进行教育培训

通过教育和培训把现代的管理理念、安全技能，潜移默化地融入到职工行动中。

例如一采队的几位职工文化程度较低，学习时遇到一些困难，队里专门组织老师进行辅导培训，使他们能够很快熟练掌握。他们还利用班组长联席会、职工群众会、班前会进行抽查，当场奖罚，做到人人参与安全管理，人人重视安全生产，使安全生产横到边、纵到底，不留死角。

2. 开展全员岗位大练兵活动

观音堂煤矿分别在2010年、2011年组织职工全员开展技术比武活动，采掘通风、机电、安检、调度、煤质、会计物资、护理、行政、政工等9个工种的职工全员参加技术比武，从而极大地激发了职工学文化、学技术、学业务的热情，岗位成才的积极性越来越高。

3. 大力营造安全生产氛围

观音堂矿在矿区内设立了“公司领导安全寄语”牌，布置了创建井口、付四号、25大巷、四平台、上下巷等安全文化长廊，树起了600多块“安全亲情牌”、“安全温馨提示板”，在职工工作、生活区域形成了浓厚的安全教育氛围。同时，班组普遍开展了“安全宣誓”、“师带徒”、“安全伙伴”、“安全互保联保”等活动，进一步促进了班组安全文化建设。

4. 开展“六必读”、“六必访”活动

“六必读”，即：职工受罚必读，违章违纪必读，情绪异常必读，发生纠纷必读，有了困难必读，新职工进班必读；“六必访”即：婚丧嫁娶必访，家庭矛盾必访，生病住院必访，旷工缺勤必访，受到批评处分必访，家庭困难必访。二采队职工赵志国有两个孩子上大学，家庭生活困难，区队立即拿出互助金帮助他解决燃眉之急。机电队职工李矿军妻子患有严重的心脏病，手术费高达数十万元，全

队干部职工踊跃捐款数千元帮助治病，用爱心帮助工友。

同时公司还利用节假日在班组开展健康向上、丰富多彩的文化活动，陶冶职工情操。

5. 开展“安全生产活动月”活动

（1）运用多种形式开展安全宣传教育，在付四号井口设立“安全宣传牌板”，进行事故案例牌板展评，增强干部职工对安全生产工作的认识。

（2）开展“空中安全课堂、电波传授知识、手机安全短信”活动，将全矿当天安全生产情况、现场存在的重大问题进行预报，宣传国家安全法律法规和集团、煤矿有关安全生产规章制度，以手机短信的形式发给职工和班组长，做到广泛宣传，时时宣传，警钟长鸣。

（3）参与开展“企业安全生产知识竞赛”、“河南安全杯知识竞赛”等活动，组织职工观看电视安全宣教片，交流当好班组长的经验体会。

6. 开展“六好职工”、“六好班组长”评比活动

以“安全生产、遵纪守法、爱岗敬业、家庭和睦、教育培训、岗位军事化”为主要内容，在职工、班组长中开展“六好职工”、“六好班组长”评比表彰活动，激励职工、班组长为煤矿“六大任务”、“三保一稳”目标做出更大的贡献。

四、建设班组人才文化，打造职工成才摇篮

1. 为职工、班组长搭建和铺就成才之路

大力开展学习“白国周班组管理法”，举办班组长经验交流会，为职工购买《白国周班组管理法学习必读》、《煤矿班组长安全培训教材》等书籍400多册，实行安全、质量、生产任务与班组工资直接挂钩和班组长交纳风险抵押金等方式，全面促进班组长及成员的

积极性，让班组长有职、有权、有力，抓安全、抓质量标准化管理，在实践中不断得到锻炼和提高。

2. 重视大学生在基层的锻炼成长

对分配到企业的大学生采取“压担子、打板子、架梯子、抬轿子”的培养方式，建立了《大学生进班组考核机制》，让新分配到矿上的大学生深入一线班组担任班组长，对他们严格管理，使他们在基层磨炼，在实践中成长。

链接义煤

大学生在基层成长

大学生谷胜利就是从当班组长、技术员，再到机电科副科长，最后成长为河南省劳动模范，一步步成长起来的突出代表。工作中他刻苦钻研、勇于创新，先后参加了井下7个变电所和电网改造，攻克了15个区一级行人井液压绞车制动压力低、速度不稳定和两个盘区泵房安装技术难题，将皮带连接方式由油包联改为对轮联结，对1.6M绞车回路开QCKB31－250N进行改造，从而降低了机电设备故障率。

3. 注重班组长的培养和使用

观音堂煤矿十分重视对班组长的培养使用，将班组长纳入本矿人才库管理，将班组长培训纳入中长期培训计划，有计划、有步骤地对班组长进行业务技能、班组管理和科学文化知识培训，着力提升班组长的整体素质，并全面落实班组长的经济待遇和政治待遇，对业绩突出、经验丰富的优秀班组长，将其提拔到区队管理层工作。

五、创新班组管理文化，提升班组管理水平

1. 推行“4533”班组安全管理法

“4533”班组安全管理法，即：4会、5查、3提醒、3落实。

（1）“4会”：开好班前会、现场交接会、班后评估会和安全例会，明确工作中出现的问题和处理措施，做到把当班问题当班解决，杜绝隐患的发生。

（2）“5查”：班前查思想、交班查隐患、班中查质量，班末查验收，班后查根源，及时发现班组职工的思想动态，避免出现情绪不稳定而影响安全生产。

（3）“3提醒”：开展班前安全温馨提醒，班中隐患提醒，班后总结提醒，发现隐患及时提醒工友注意，并立即研究制订整改方案进行整改，将隐患消灭在萌芽。升井后针对工作中出现的问题还要进行分析总结，教育工友举一反三，确保类似事情不再出现。

（4）“3落实”：将各类规章制度、技术措施、责任到人，落到实处，以“钉子”精神，在现场管理中做到“勤、精、严、细、实”。

“4533”班组安全管理法发明人孙崇义2009年被授予“河南省煤炭行业模范班组长”称号。

2. 实施“3+6”班组安全管理模式

“3”就是以人为本、安全为天、预防为主；“6”就是预教、预测、预想、预报、预警、预控。“3+6”班组安全管理模式实施后，建立覆盖了全班组的质量体系、管理体系、工作标准、技术标准，从大处着眼，从小处着手，大到工作面的“掘进、架棚、铺网喷浆”，小到溜子安装、皮带吊挂，都要做到从严从细，实行全员、全过程、全方位的质量动态管理，构起了安全生产的坚实屏障。

3. 推行“3带、4有、5在前”班组安全管理法

（1）“3带”：在政治上党员带积极分子，在工作上师傅带徒弟，

在生活上大哥带弟弟。

（2）“4 有”：在政治上有前途，在工作上有建树，在社会上有地位，在经济上有实惠。

（3）“5 在前”：班组长安全生产走在前，经营管理干在前，稳定工作抢在前，廉洁自律做在前，危难险情冲在前。

4. 推行“1 + X”班组流程管理法

“1”是各班必须普遍遵循统一的工作流程，主要包括：班前会程序、出入井程序；班前、班中、班后安全状态“三确认”；区队、班组、岗位“三级隐患排防控”；班组管理各种台账簿册、现场管理标识牌、职工“四个一”学习记录簿、“三述三化一确认”的岗位流程操作程序。“X”就是不同专业、不同工种的班组，根据各自工作性质、业务特点实行特殊流程。

5. 构建“六位一体”班组安全管理机制

（1）安全教育培训机制。

（2）职工职业行为训练机制。

（3）班组安全制度落实机制。

（4）重点人员包保机制。

（5）利益考核驱动机制。

（6）班组长教育管理机制。

充分运用这一体系，不断规范班组安全管理的内容和职责，激发了班组安全管理的活力。

观音堂煤矿班组安全建设工作的深入开展，以文化激活了企业最基础的“细胞”，建立健全了班组岗位安全责任制，形成了班组动态管理，使安全生产在每时、每班、每个环节和角落都得到了落实，营造了安全生产和经营目标双赢的良性环境。

第六节 以人为本，丰富载体

千秋煤矿是义煤集团的骨干矿井之一。1956年建矿，1958年投产，现有基层单位34个，班组149个，职工4468人。建矿50多年来，一代又一代矿工用自己的心血和汗水熔铸了“艰苦奋斗、英勇善战、顾全大局、乐于奉献”的千秋精神，培育了全国闻名的“英勇善战的八一采掘队”，涌现出了以全国劳模鲁金水为代表的一大批模范先进人物。矿井先后荣获了全国煤炭工业“特级安全高效矿井”、全国煤炭工业“节能减排”先进单位、河南省“安康杯”竞赛活动优胜企业、“河南省文明单位”、“河南省文明煤矿”等荣誉称号。

近年来，千秋煤矿紧紧围绕安全生产这一中心目标，以班组建设工作为抓手，以完善制度、创新思想、强力推进为理念，深入扎实地开展班组建设活动，筑牢安全生产防线，不断提高班组安全管理水平和职工整体素质，努力把班组建设成为技能人才的“蓄水池”，安全工作的“桥头堡”，企业基础管理的“台柱石”，为企业的安全发展做出了积极贡献。

一、统一思想、围绕中心，夯实班组建设基础

1. 提高认识，加强领导

班组工作是涉及职工思想、安全、生活、生产、学习等多方面的基础性、系统性、综合性的长期工作，是企业安全发展的根基和动力源泉。为此，千秋矿首先成立了党政工领导参加的班组建设工作领导小组，全面负责对具体活动的开展和督查；成立了以工会牵

头的班组建设工作考核小组，负责日常的考核工作。考核小组成员主要由工会、组干、纪委、劳资、安检、企管、调度、生产等职能科室的负责人组成，根据考核内容和标准，进行对口考核。领导小组定期听取考核小组的工作汇报，及时研究活动中出现的问题，从而在全矿形成了“党政主导、工会运作、多方配合、全员参与”的班组建设工作格局，为班组建设的深入发展提供了组织保障和思想基础。

同时，千秋矿还成立了班组建设考核督导中心，拨出专项资金，加大对考核督导中心硬件和软件上的投入，设立了安全教育活动室、绩效考核经验交流室、班组文化宣传室、督导室，配备了办公桌、电脑、打印机等办公用品，购置了安全生产、班组管理、心理辅导等学习书籍，为班组长搭建了一个交流、学习、探讨、提高的平台，成为推进班组建设、提升班组文化、推动安全生产的主阵地。他们还充分利用经验会、班前班后会、安全活动会、政治学习日和广播、电视、网站、宣传栏、黑板报等宣传工具，进一步做好班组建设的学习宣传，把全矿干部职工的思想统一到班组建设上来，统一到企业的安全发展上来，使广大职工对班组建设有更深、更新的认识，进一步坚定做好班组建设工作的信心和决心。

2. 围绕中心、明确目标

千秋煤矿是一座有着50多年开采历史的老矿，冲击地压、水、瓦斯等多种灾害并存的矿井，安全形势严峻，生产任务艰巨。班组作为企业终端细胞，其自身的安全建设对矿井的安全发展起着极其重要的作用。按照义煤集团的统一要求，千秋煤矿确立了以“安全发展”为中心，以“人人无违章、班组无隐患”为班组建设新目标，紧紧围绕“防冲为先、防火为上、精细管理、务实创新、科学持续、安全发展”的工作指导思想和“抓小事、重细节、狠落实、严考核、稳步走、求实效”的总体工作要求，在实际工作上狠下工夫。

（1）深入生产现场，督促现场安全管理。考核组成员按照井下一线、井下辅助、地面系统划分，每周必须有两到三次参与到班组安全管理的全过程，从班前会开始，到现场交接班，再到班中检查，再到最后的班后讲评，等等。每一个工作细节、生产环节都要严格督查，一旦发现不符合要求、违反规程作业的当场给予制止和纠正，严格规范班组安全管理，不断提高班组职工的安全意识。

（2）拓宽职能，督促班组隐患整改工作。每天，班组建设办公室与安检科联合，组织专人对生产现场查出的安全隐患进行监督整改，对限期不能整改的班组，将给予通报和扣除风险抵押金的处罚，从而使隐患整改率达到99%。

3. 完善制度，运行规范

依据国家和上级有关部门制定的法律法规，结合本矿的实际情况，先后制定完善了《千秋煤矿班组建设实施办法（试行）》、《考核细则》、《考核评比标准》、《明星班组长评比标准》等18项管理制度和责任抵押管理办法，明确了班组建设的指导思想、原则、职能划分、运行机制和保障措施，构建了分工明确、相互配合、操作规范、运行高效的班组建设体系和机制。

二、以人为本、因地制宜，创新班组建设活动载体

开展班组建设活动，制度是保证，创新是关键。

1. 开展“日读签字、月看一书、年学一技”班组学习活动

在学习形式上，由被动学习向主动学习延伸；在学习内容上，由学习本岗位知识向学习相关岗位知识延伸；在机制上，由强迫学习向引导学习延伸，使岗位“必知必会”真正体现到“必做必用”上。同时把全矿的班组长按专业组织起来进行交流座谈，相互取长补短。他们还把职工个体学习和班组学习整合起来，使班组学习成为职工技术交流的“小讲台”，传递知识的“小课堂”，解决技术难

题的“诸葛亮会”，岗位练兵的“演武场”，实现“知识→能力→成果→效益”的转化。

2. 选树身边典型人物做示范

（1）加强班组安全文化建设，开展心理健康、和谐文明、生活礼仪等教育，宣传基层安全生产中的动人事迹和先进经验，每月开展明星班组长评选活动。

（2）每季度举办一次“保安全、重质量、遵章守纪好职工”的大型抽奖活动，凡在季度内工作无“三违”、无受伤、无责任事故、出勤率达到规定班数，没有受到过国家法律、法规及矿规、矿纪处分的职工，均可以参加抽奖活动。活动最高奖价值达4000余元。

（3）举办班组建设知识竞赛活动，营造学习安全知识、加强班组建设的氛围。

3. 推广“六环相扣”班组管理法

在强化班组建设中，千秋煤矿大胆探索创新，实行“精准”管理，总结提炼出“细、实、严、情、学、帮”六环相扣班组管理法，在全矿得到推广。

（1）强调一个“细”。班前会上，让职工知道工作要点和危险点，从“质”和“量”上提出明确要求，使职工做到心中有数；班中紧盯生产现场，紧盯薄弱地点，对重点岗位时时监控，重要环节处处留心，杜绝失误；班后总结讲评，查找不足，堵漏补缺。

（2）狠抓一个“实”。班组与区队、职工与班组、职工与职工之间签订安全责任状，互包联保责任书，把工作的各个环节落实到班组，落实到每一名职工，落实到生产现场，并由安检科考核，层层监督，严格把关。

（3）突出一个“严”。对发现的安全隐患，不护短，以“三铁精神”一抓到底。

（4）落实一个“情”。要随时掌握职工思想动态，稳定职工思想情绪，凝聚班组合力，达到班班安全、日日安全、月月安全的目标。

（5）侧重一个“学”。千秋煤矿在义煤集团设立了首个以职工个人名字命名的“邵春雷工作室”，主要任务是研究矿山机械化设备，解决设备使用及维修中遇到的各类技术问题，同时推动全矿学习邵春雷，形成学知识、比技术、亮绝活的高潮，不断提升班组综合管理水平。

（6）关注一个“帮”。“班组就是一个家，安全和谐靠大家”。千秋矿在班组建设中，总结探索出了“三看两听”班组管理法。“三看”，即：班前会上看情绪，接受任务看态度，困难面前看表现；“两听”，即：民主会上听发言，家访谈心听意见，以便及时发现职工思想波动，借助集体的力量，及时开展思想帮教工作，解除其心结，避免发生事故。

三、创新教育培训体制，提升班组长整体素质

1. 创新班组长教育培训机制

（1）不断完善班组长选聘、评聘办法，制定下发了《关于在班组建设中涌现出的明星班组长可作为矿后备人才使用的通知》，建立明星班组长档案，落实班组长待遇，在发展党员、选拔后备干部、评优评先上优先考虑优秀班组长，使他们在个人发展上有盼头、有奔头。

（2）将全矿班组长按专业进行集中培训，互相交流座谈，观看事故案例警示片，提高班组长的现场管理水平和应变能力。在生产单位，每期选派三名优秀班组长，到调度室实习锻炼三个月，以提高班组长的安全意识、大局意识、业务能力和工作水平。

（3）扩大教育培训内容，不仅仅局限于安全建设、生产任务、质量管理等内容，而且要扩展到社会、家庭、交友等各个方面，全面提升班组长的素质。

2. 改进考核奖惩机制

（1）班组考核由分组考核变为统一考核，使考核更加透明、更加公正、更加细化。

（2）把班组建设与区队（科室）党政一把手的工资、安全风险抵押金挂钩，对开展班组建设不积极、考核不合格的单位沉淀当月的风险抵押金，取消各种评选和晋升资格。

（3）把每月的考核成绩放在矿办公网上公布，接受全矿干部职工监督，对落后单位起到鞭策作用。

（4）建立班组长每月述职制度，由安检科监督落实，作为月度和年度十佳班组和明星班组长评选的重要依据。

（5）对评选出的"班组建设先进单位"、"优秀班组"、"明星班组长"，千秋矿分别奖给 2000 元、1000 元、500 元的奖励，区队、班组间形成比安全、比任务、比质量的良性竞争氛围。

3. 落实现场管理机制

千秋矿班组建设工作紧紧围绕安全生产这个中心，不断加强现场安全管理，在实际工作中狠下工夫。

（1）深入生产现场，督促现场安全管理工作。考核组成员按照井下一线、井下辅助、地面系统的划分，每周两到三次参与到班组安全管理的全过程，从进班会开始，到现场交接班，再到班中检查，到最后的班末讲评等等，每一个工作细节、每一个生产环节都严格督查，一旦发现不符合要求、违反规程的行为当场给予制止，现场给予纠正，进一步规范了班组安全管理，提高了班组职工的安全意识。

（2）拓宽职能，督促基层班组隐患整改工作。每天班组建设办公室与安检科联合组织专人对生产现场查出的安全隐患进行督促整改，对期限内不能整改的班组，将给予通报并扣除风险押金的处罚。从而使隐患整改率由过去的 95% 提高到现在的 99%。

加强班组建设是实现安全管理的关键所在，是企业生产经营和持续发展的永恒主题。通过近几年的不断探索和创新，千秋煤矿以班组建设工作为载体，狠抓班组安全建设，拓宽班组建设渠道，发挥班组长的“兵头将尾”作用，形成了井下文明生产、井上文明生活的良好局面，为集团公司的科学跨越，千秋煤矿的安全发展、和谐稳定做出了积极贡献！

第五章

班组建设新战略

义煤集团公司制定了《义煤公司班组建设三年规划》，对今后的模式化、标准化、长效化的深化工作进行了长远的设计。

第一节
班组建设新发展

一、班组建设“四成效”

近年来，义煤集团的班组建设工作始终以成就卓越为目标，以铸造实效为出发点，积极与全国同行业的优秀企业进行对标学习，同时拓展跨行业视角，为义煤集团的班组建设工作制定了一系列有目标、有步骤、有措施、有保障的实施办法和指导意见，至今成果已初步展现。

义煤集团班组建设推动至今，主要取得以下四方面的成效：

（1）组织推动举措在基层单位一线班组全面落地。

（2）人本管理理念在班组初步植入。

（3）初步实现基层组织管理的特色塑造。

（4）班组在管理实践中形成了系列创新成果。

在上述管理夯基的推进历程中，基于班组管理的五级理论，义煤班组建设目前已实现了从无序到有序的转变——基础管理各要素能够较好落实，日常管理有一定方法，管理主要以任务导向与考核保障为主。

因此，下一步尚需要实现从有序向规范化的跨越——管理系统全面，流程清晰、模式标准化、管理有创新、文化有活力、人员有成长，有标准、有体系。最终实现管理可评价、实践可对标、模式可复制、推进可长效。

二、新阶段、新定位

义煤集团始终坚持班组建设是一项战略性、系统性、长期性工程。其中，班组建设更是一项使命工程和文化工程。新阶段有新的组织行为定位，分别如下：

（1）义煤高层指出方针政策——中层相关职能部门制定创建计划目标——基层下属各单位创先争优。

（2）对标高层方针，公司党委出班组建设评价标准——各基层单位实施班组建设专项提升培训项目——基层班组创先争优。

（3）公司党委建立推进体系、中层相关职能部门搭建班组建设平台——各基层单位创建自己的班组建设模式。

三、班组建设“四自目标”与“八项工作”

义煤集团班组建设工作在集团工会的大力推动下，已呈现出组织有力、推进有序、步骤得当的有序态势。新阶段下，推进体系的建构、组织运作的统筹以及基层工作的辅导进行新的规划。

1. 做好“四自目标”

坚持做好方针政策的引领与制定班组建设水平的评价标准。使下属各基层单位厘清思路、明确自身班组建设水平，实现任务自组织、问题自修复、工作自驱动、标杆自涌现的班组建设目标。

2. 做到“八项工作”

重点关注外部资源的整合与内部资源的挖掘，做好八项工作：班组建设咨询管理、班组建设培训管理、班组建设模式服务、班组建设标准制定、建设竞赛机制、搭建比武擂台、联络基层组织、评价基层工作。

第二节 班组建设三年战略规划

一、“12345”模式

从2012年起，义煤集团公司集中利用三年时间，打造具有义煤特色的集团化班组建设“12345”模式。

1. “一个目标”

坚持以建设“真诚、同心、感恩你我他”企业精神指引下的本质安全型企业的战略目标；

2. “两个体系”

坚持建立集团班组建设推进工作体系和集团班组建设管理体系；

3. “三基建设”

紧紧抓住班组的基础建设、班组成员的基本素质建设、班组长的基层管理者能力建设；

4. “四个方面”

着力在培训、竞赛、考核、激励四方面上下工夫，分阶段、分步骤、分类别推进集团班组建设；

5. “五化要求”

努力实现集团班组全面达到班组建设全员化、班组管理标准化、班组建设品牌多元化、

班组建设工作体系化、班组建设水平标杆化的要求。

2012年~2014年的三年工作大体分为建模赋能、建标升级、达标推广三个阶段来实施。

二、2012——班组建设赋能建模年

1. 构建班组建设三年工作全景

以班组基础建设为重点，通过营造全员重视和参与班组建设的良好氛围，继续以班组建设为载体，以现有考核体系全面推行安全生产工作。

2. 导入班组基础管理模式

组织甄选先进，开展试点先行活动。协助试点单位组织开展班组建设培训、催化辅导等增智赋能工作，提升班组长的领导能力与管理能力，导入班组先进的基础管理模式，向本质安全型班组发展，培养出一批班组建设标杆。同时协助制定试点单位初步创建义煤的班组建设试行评价标准，为班组建设的标准化模式打造坚实基础。

三、2013——班组建设建标升级年

1. 初步形成班组建设的自主管理提升能力

严格执行班组建设管理标准，进一步夯实班组基础管理。着重围绕提升班组长的能力建设，培训更新班组长的管理知识、管理思想、总结管理经验，重点提升班组长的管理能力，出台班组长的选拔、任用、考核等政策，充分发挥班组长作为基层管理者在班组建设中的关键作用。加强两支队伍培养（班组长教练队伍与教练型班组长队伍)，使班组管理产生可复制、可自我提升。同时，知识库建设初步成型，包括教材库、案例库、方法集、班组建设标准、模式手册系列工具的出台。初步开展示范基地建设与标杆影响扩展活动。

2. 标杆引领、正式建标

以标杆班组为带动，在全集团大力推广 2012 年试点单位产生的标杆建设模式，推动“创争，普及全集团班组对标学习”，实现集团班组建设正式标准出台。强化集团内班组经验交流活动，在对标的

过程中，持续改善创新，升级内容，聚焦班组特色，打造特色化管理模式。

四、2014——班组建设达标推广年

围绕提升职工整体素质，以规范职工行为、职工良好习惯养成为重点，深入开展“创争”活动，将“感恩文化”深深植入班组思想和文化建设，着力培育班组感恩文化、班组安全文化、班组创新文化、班组团队文化，建立完善人本机制，提高班组这一基层组织自我管理和发展的整体能力，激发广大职工持续改善、不断创造的活力。完成第五级班组建设以人本和文化管理为核心的本质安全型标杆企业的全面达标，产生一批优质品牌班组，形成义煤班组建设品牌的影响力。

附　录

为了加快推进集团公司安全管理工作进入规范化、制度化发展轨道，构建本质安全型企业，实现安全的、高质发展的发展，义煤集团制定实施了多方面的班组建设规章制度。

附录一

关于颁发《义煤集团公司班组安全建设实施办法（试行）》的通知

义煤发〔2009〕258号

集团公司所属各级工会、安监部门：

为深入贯彻落实中华全国总工会、国家煤矿安全监察局《关于加强煤矿班组安全生产建设的指导意见》文件精神，加快推进集团公司安全管理工作迈入规范化、制度化发展轨道，提升总体安全管理水平，着力打造“无隐患矿井”，努力构建本质安全型企业，实现义煤的安全发展、强势发展，全面开创安全事故零目标工作新局面。结合集团公司实际，特制定《义煤集团公司班组安全建设实施办法（试行）》，现下发给你们，并提出如下意见，望一并贯彻执行。

一、提高认识。各单位要认真学习贯彻《实施办法（试行）》的要求，联系当前经济和安全生产形势，充分认识到班组安全生产建设在煤矿企业安全工作中的重要性和紧迫性，夯实安全生产的基础，发挥班组在安全生产中第一道防线的作用，减少和杜绝“三违”，为实现安全事故零目标提供保障。

二、加强领导。各级工会、安监部门，按照“义煤集团公司班组安全建设实施办法（试行）”要求，要及时成立创建活动领导机构，加强对创建活动的领导，并下设办公室（明确负责人），具体负责创建工作。认真组织各基层单位制定班组安全建设的实施方案、评比标准并积极组织实施，将各项安全活动开展到班组，定期检查、考核、讲评、排队。同时纳入年度工作计划。

三、健全机制。要求各级工会、安监部门大力推进、培塑此项工作进入班组，落实到每一位工人身上，建立健全责、权、利相统一的班组建设考核运行机制，逐步改进完善并严格落实班组管理制度和班组建设、考评标准，提高班组现场安全管理水平，提高班组长队伍整体素质，提高班组执行力，真正把安全生产法律法规、方针政策和各项措施细化、落实到班组，不断开创班组安全生产工作的新局面，为集团公司实现安全生产长治久安奠定坚实基础。

四、严格考核。各级工会、安监部门牵头组织各矿井区队每月对班组进行一次检查考核；矿井每季度对班组建设进行一次检查考核，班组安全建设办公室将检查考核结果报集团公司班组安全建设考核小组。各级工会、安监部门要根据创建活动工作要求，大力宣传班组安全建设活动，使企业和广大职工进一步了解活动的主题、目标和意义，结合单位实际，按照本单位制定具体的“考核标准和考核办法”，每月组织一次达标考核验收。对达到“安全合格班组”标准的，可由矿井班组安全建设办公室申报，每季度申报一次，验收一次，集团公司通过四次验收结果确定全年数量，经集团公司评审，分别命名为：A 级（创新型明星）班组，B 级（先进）班组，C 级（合格）班组；对 D 级（不合格）班组数量超过矿井班组总数 10% 的单位，扣发该单位安全抵押金的 20%。通过班组达标竞赛，确保集团公司班组安全建设上等级、创水平。

附件：1. 义煤集团公司班组安全建设实施办法（试行）

2. 班组安全建设考核评比标准

二〇〇九年八月十一日

附件 1

义煤集团公司班组安全建设实施办法（试行）

第一章 总 则

第 1 条 班组是企业的细胞，是企业各项工作的落脚点。抓好企业班组安全建设是提升企业管理、落实安全生产责任制的基础，也是预防和减少职工伤亡事故发生的有效途径。实现班组规范化、标准化管理，是夯实煤矿安全管理基础，创建本质安全型矿井，推进义煤安全发展和可持续发展的关键环节。根据中华全国总工会、国家煤矿安全监察局下发的《关于加强煤矿班组安全生产建设的指导意见》，结合集团公司安全班组建设实际，为进一步做好安全工作，抓基层、打基础，提高班组安全管理水平，促进义煤安全生产形势持续稳定发展，特制定本实施办法。

第二章 班组安全建设的指导原则和目标

第 2 条 指导原则。牢固树立“安全发展”理念，认真贯彻落实“安全第一、预防为主、综合治理”方针，坚定“零”理念不动摇，全面贯彻落实“责任有我，我必负责；安全有我，我必安全”的理念，以“矿矿无隐患、人人无违章”为目标，把无隐患班组建设作为加强矿井安全生产基层和基础管理的重要工作，倡导先进的班组安全文化，健全完善班组安全生产责任制，建立激励约束机制，加强班组安全教育和规范化管理，深入开展安全质量标准化工作，加强现场安全管理和隐患排查治理，提升义煤现场安全管理水平。

第 3 条 建设目标。持续、有效地加强和改进班组建设，提高防范事故、保证安全的五种能力：抓好班组长选拔使用，提高班组安全生产的组织管理能力；加强安全生产教育，提高班组职工自觉抵制“三违”行为的能力；强化班组安全生产应知应会的技能培训，提高业务保安能力；严格班组现场安全管理，提高隐患排查治理的能力；搞好班组应急救援预案演练，提高防灾、避灾和自救等应急处置的能力。通过不断提高班组安全生产能力，使班组职工真正做到不伤害自己、不伤害别人、不被别人伤害，实现班组安全生产，为矿井安全生产奠定基础。

第三章　完善制度建设

第 4 条　严格班组安全生产定员管理。按照精简高效的原则，制定班组定员标准，保证班组安全生产基本配置，建设班组安全网络小组，实行现场“限员挂牌”制，严格控制作业人数，严禁超定员生产，严禁两班交叉作业。

第 5 条　建立完善班组安全生产管理规章制度。主要包括：（1）班前会制度；（2）班组长随班工作制度；（3）安全质量标准化管理制度；（4）隐患排查治理制度；（5）班组和各岗位安全评估制度；（6）事故报告和处理程序；（7）事故分析处理制度；（8）安全检查与奖惩制度；（9）班组学习培训制度；（10）岗位练兵、技能竞赛制度；（11）交接班制度；（12）现场安全文明生产制度；（13）安全举报制度；（14）职工安全权益维护制度；（15）安全绩效考核制度；（16）安全管理合理化建议制度；（17）隐患汇报、“三违”举报制度；（18）班组互保联保制度；（19）各矿认为需要制定的其他相关制度。

第 6 条　健全落实安全生产责任制。明确班组是作业现场安全生产责任主体，实行班组长作业现场安全生产负责制。安全检查员、质量监督员、群监岗员和瓦斯检查员按职责做好班组相应的安全监督检查工作。

第 7 条 推行班组安全生产风险预控管理。在危险源辨识、风险评估的基础上，制定各岗位、各工种的安全工作程序和工作标准，实行风险超前预控，提高职工对生产作业中出现的各种不安全因素的认知和防范能力。

第 8 条 完善班组安全生产目标控制考核激励约束机制。把企业的安全生产控制目标层层分解落实到班组，实行班组安全生产目标考核制度，完善安全、生产、效益结构工资制，加大安全构成比重，严格考核奖惩，将安全生产作为班组、班组长、班组职工推优评先、效益工资分配的“一票否决”指标。

第 9 条 加强班组安全信息管理。建立健全班组信息管理系统。班组要做好班前会、班评估、班后讲评工作，并有记录；认真填写出勤、安全质量、隐患排查治理、班组井下职工到岗、培训等信息，提高班组安全信息基础管理水平。

区队进行月总结考评，制定奖惩办法，对好的班组进行奖励，差的班组进行处罚；把奖罚结果纳入结构工资中。

第四章　规范班组长管理

第 10 条 完善班组长任用机制。明确班组长任用标准条件、产生办法和聘任方法，规范班组长选拔程序，选拔优秀的班组长。班组长应具备一定的文化程度、3 年以上现场工作经历。各矿井要争取在 3 ~5 年内，使班组长达到中等专业或中等专业以上文化水平。

第 11 条 规范班组长管理方式。实行班组长定期聘用制管理，要制定聘用和解聘条件、程序。

第 12 条 健全班组长人才激励机制。拓宽用人渠道，把班组长纳入煤矿管理人才培养计划，积极从优秀班组长中选拔人才，有条件的要送到高等院校培养。鼓励大学毕业生到基层班组锻炼。推优评先要向基层班组长倾斜，并应占有一定比例。

第五章　加强班组现场管理

第 13 条　严格落实班前会制度。把开好班前会作为现场管理的第一道程序，结合上一班作业现场存在的问题，针对每个环节、每个岗位，布置好当班安全生产及各岗位应协调处理的事项。明确工作中注意的问题，识别不安全因素，落实相应的防范措施，做到安全注意事项不讲明不下井、责任不明确不下井。

第 14 条　严格执行交接班制度。特殊岗位严格执行相关规定，除带班人员、要害岗位人员必须在现场交接班以外，严禁其他人员现场交接班；要填写交接班日志，必须交接相关安全生产原始记录，防止问题不明、措施不当而危及安全生产。

第 15 条　充分发挥煤矿群监督员和安全生产监督员的作用。明确职责，坚持把查找隐患、制止“三违”，特别是习惯性“三违”，作为煤矿安全生产群众监督职工作的重中之重，做到班组长不违章指挥、班组成员不违章作业、所有人员不违反劳动纪律。对“三违”现象要当做事故进行分析处理，并将“三违”人员纳入到考核中去，严格兑现奖罚。加强现场监督检查，严格监督落实现场安全技术操作规程，技术措施进行施工，严禁违规作业。

第 16 条　把“两述两化”纳入考核内容。大力推行“手指口述、岗位描述，质量标准化、准军事化”管理，班中操作前，进一步安全确认，规范职工行为，积极开展安全质量标准化工作，推行作业现场精细化管理，文明生产；每班要对作业现场工程质量、岗位工作质量进行验收和评估，实现动态达标，积极创建安全精品工程。

第 17 条　加强隐患排查治理。抓好隐患排查，实行班组隐患分级管理，落实治理责任。对生产作业场所、安全生产设备及各系统进行定时、定点、定路线、定项目巡回检查，及时排查治理现场事故隐患，隐患没有排除班组长不得组织生产；对限期治理的事故隐患，要严格落实现场防范措施；遇到重大险情要及时报告，并有序组织人员及时撤离现场，避免事态扩大。

第 18 条 突出班组长现场指挥权力。班组长对现场作业条件的变化情况，有安全生产决策权和组织指挥权；有检查职工安全作业情况、抵制上级违章指挥权；有对作业现场工程质量、岗位工作质量进行安全评估验收权；在安全隐患没有排除或不具备安全生产条件时，有拒绝开工或停止生产权。切实落实煤矿工人安全生产权利。

第六章 加强班组安全建设组织领导

第 19 条 为加强组织领导，集团公司成立班组建设领导小组。

组　长：总经理

副组长：副总经理

成　员：安康部部长　企管部部长　生产与技术装备部部长
人力资源部（劳资）部长　战略规划部部长
工会副主席

领导小组下设办公室，办公室设在集团公司工会。

办公室主任：工会副主席（兼）

副主任：工会生产保护部部长（兼）

第 20 条 各基层单位要制定班组建设的目标、措施，并积极组织实施，将各项安全活动开展到班组，定期检查考核讲评排队。同时纳入年度工作计划，无班组建设规划的单位，不得参加班组建设工作评比验收。各基层单位根据班组建设工作需要分：A 级（创新型明星班组）、B 级（先进班组）、C 级（合格班组）、及 D 级（不合格班组）。组织开展班组建设达标升级竞赛活动。

第七章 加强班组安全文化建设和教育培训

第 21 条 加强班组安全文化建设。积极开展切合实际、形式多样，体现班组特色的安全文化活动，强化安全生产法制意识，培养安全生产价值观，培植先进的安全生产理念，落实职工群众安全生产知情权、参与权、监督权、表达权和举报权，增强安全生产内在动力，实现“我要安全”。培养和弘扬班组团队精神，做到工作相互支持、密切配合，工序衔接协调无误。

第 22 条　全面落实职工安全生产十项权利。矿井单位有关部门要广泛宣传“十项权利”，教育职工正确行使“十项权利”。“十项权利”的具体内容是：（1）带班人员不下井，工人有权不下井；（2）带班人员早出井，工人有权早出井；（3）安全隐患不排查，工人有权不作业；（4）管理人员违章指挥，工人有权不执行；（5）没有安全措施，工人有权不开工；（6）不组织班前安全学习，工人有权不下井；（7）未进行“三位一体”（班长、安全检查员、瓦斯检查员）安全检查，工人有权不开工；（8）监测监控系统安装不到位、运行不正常，工人有权不开工；（9）不配全合格的劳动保护、防护用品，工人有权不下井；（10）避灾路线不标识，工人有权不下井。

第 23 条　强化安全教育培训工作。重视和发挥班组在职工教育培训中的主阵地作用，加强班组安全知识、岗位技能培训，严格新招录职工的岗前培训，做到应知应会；班组长和班组所有职工须经培训考核合格方可上岗，特殊工种要做到持证上岗。加强班组应急救援知识培训，建立班组应急预案，加强模拟演练，熟悉防灾、避灾路线，增强自救处置能力；加强对采用的新工艺、新设备、新技术的培训，适应安全发展需要；充分利用典型案例，开展警示教育，汲取事故教训，增强事故防范意识；以师带徒、安全伙伴等形式，提高职工安全自保互保联保意识和实际操作技能；大力开展岗位练兵和技术比武活动，促使班组职工熟练掌握安全生产操作技术，提高防范事故的能力。

第 24 条　积极开展班组安全技术革新。鼓励职工广泛开展安全生产小发明、小创造、小改造等安全技术革新和管理创新实践活动；

鼓励职工立足岗位进行技术创新，努力营造学技术、钻业务、争先进、保安全的浓厚氛围。

第八章　权利与责任

第25条　班组权利

（1）根据上级安排的安全、生产工作指标，具体安排工作进度。分配组织职工工作，组织安全均衡生产，完成各项工作任务；

（2）在生产设备作业现场存在重大隐患，职工生命安全或国家财产受到严重威胁的情况下，有权停止作业，撤出危险岗位，并及时向有关领导汇报；

（3）班组有权拒绝任何领导干部的违章指挥和错误命令，有权制止任何人的违章作业；

（4）班组对确有成效的技术革新，合理化建议和有重大贡献的职工，有权向上级建议给予表彰奖励；

（5）班组对严重违犯劳动纪律、规章制度而造成重大设备质量、人身事故的职工或严重违法乱纪的职工，有权向上级呈报处理意见；

（6）班组对企业各级领导干部实行民主监督和评议，有权向职代会和上级领导提出对干部的奖惩意见；

（7）班组对企业的大政方针，发展规划及一切生产经营活动有参与建议权。

第26条　班组责任

（1）认真贯彻执行党和国家的方针政策、法律法令，企业职工代表大会的决议、《企业职工守则》、《奖惩条例》及企业各项规章制度；

（2）加强现场管理，落实好现场交接班、班前会、隐患排查治理各项工作；

（3）全面完成班组所承担的各项安全生产技术指标；

（4）严格执行操作规程，积极做好安全教育，精心维护保养设备，保持生产现场文明作业。做好劳动保护工作和环境保护工作，做到安全高效，文明作业；

（5）建立健全以安全生产责任制为主线的各项规章制度，及时准确认真地填写各种原始记录、统计台账和管理图表；

（6）积极组织职工参加政治、文化、技术学习。做好青工的传帮带工作，不断提高职工队伍的整体素质；

（7）搞好精神文明建设，教育班组成员树立主人翁责任感，遵守社会公德和职业道德，履行公民义务。搞好互助互济工作，开展健康有益的安全文化娱乐活动，不断陶冶职工情操，培育班组特色精神。

第 27 条　班组长的主要职责

（1）班组长是班组的安全、思想政治工作、生产经营活动及其他一切工作的第一责任者。选合适的人员进入班组，尊重班组长及职工的意向，定期召开班组长会议，优化人员配置；

（2）大力推动班组民主管理，深化班组内部改革，自觉运用安全目标管理、全面质量管理、定员定额管理等方法，最大限度地调动班组职工的积极性和创造性，全面完成上级下达的各项安全管理、生产经济技术指标；

（3）主动做好班组的思想政治工作，组织好班前会、班组的政治学习，经常进行家访谈心活动建立沟通制度，定期召开职工座谈会，与职工交流思想，帮助解决实际困难，杜绝矛盾纠纷和越级上访事件的发生；

（4）与工会小组长一起拟订班组达标升级规划，带领全班组职工积极参加班组达标升级竞赛活动。同时，组织好班组内部的竞赛和岗位练兵、技术比武活动；

（5）始终不渝地贯彻落实“安全第一，预防为主，综合治理”的方针，认真组织安全质量检查。在自觉接受群监岗网员安全监督的同时，支持群监岗网员搞好岗位监督；

（6）经常检查班组各类台账的记录情况。

第九章　台账管理

第28条　及时准确、完整地记录班组台账，不仅是班组建设的需要，而且能为企业管理提供原始资料和数据，是一项重要的基础工作，必须认真对待。

第29条　每个班组必须设安全质量任务台账，精神文明台账各一本。

1. 安全质量任务台账的主要内容有：（1）每班安全质量情况；（2）每班隐患排查治理情况；（3）互保联保制止三违情况；（4）产量计划完成记录；（5）材料消耗记录；（6）岗位练兵记录；（7）小组活动记录；（8）合理化建议记录；（9）小革小改成果记录；（10）劳动竞赛活动记录。

2. 精神文明台账主要内容有：（1）政治业务学习记录；（2）家访谈心、不放心人员帮教记录；（3）民主管理记录；（4）好人好事记录；（5）文体活动记录；（6）扶贫解困记录；（7）职工生活福利记录；（8）劳动保护调查记录。

第十章　考核奖罚办法

第30条　为加强班组建设考核，集团公司成立班组建设考核小组。

组　长：安康部部长　　　工会副主席

副组长：安康部副部长　　人力资源部副部长

　　　　工会生产部部长

成　员：安康部（2人）；企管部（2人）；生产与技术装备部（1人）；人力资源部（1人）；工会（1人）。

第31条　矿井生产单位每月对班组进行一次检查考核，要将创建活动与职工绩效考核工作紧密结合起来，并将检查考核结果报集团公司班组安全建设考核小组；集团公司每季度对各矿井班组安全建设工作进行一次全面检查考核评比、表彰奖励及处罚。集团公司年底组织全面总结评比、奖励及处罚，全年工作评比成绩突出、被集团公司评为“创新型明星班组”的区队班组，集团公司将予以“挂牌命名”表彰。

第 32 条 考核措施：考核依据“班组安全建设考核评比标准”（附件 2），采用动态抽查和季度安全质量标准化检查验收相结合，实行百分制考核。集团公司工会日常动态抽查得分占综合考核的 30%，年度检查得分占综合考核的 70%。

（1）对于集团公司检查验收，其综合考评达到同一规划等级排名前一名的矿井生产单位，分别按月份工资总额的 1.5% 进行奖励；

（2）集团公司将根据各矿井生产单位的考评得分情况，对同一规划等级排名集团公司第一的班组，分别奖励 5000 元；

（3）对于集团公司检查验收，其综合考评在同一规划等级排名最后一名的矿井生产单位，按年末月份工资总额的 1.5% 进行处罚；

（4）集团公司将根据矿井的考评得分情况，对同一规划等级矿井排名集团公司最后一名的班组，分别罚 5000 元；

（5）集团公司考核班组成员应能理解班组安全建设达标考核验收标准的每项内容，抽查、考核、验收班组安全建设标准实施情况。在矿井上报达标的安全建设班组中抽查 10%，但不少于 10 个班组，C 级（合格班组）以上班组达到矿井班组总数的 90% 以上。

第 33 条 实行班组安全建设责任抵押制度。为充分调动各矿井班组安全建设人员的积极性，切实搞好集团公司的质量标准化工作，集团公司决定对各矿井有关人员实行“班组安全建设责任抵押金制度管理办法”。

第 34 条 本实施办法自下发之日试行。

附件 2

班组安全建设考核评比标准

第 1 条 本标准适用于集团公司各生产矿井。

第 2 条 矿井制订便于操作的班组安全建设考核评比办法及标准，按照要求进行检查验收和奖罚，并落实到位。

第 3 条 矿井班组安全建设考核评比必须具备的条件：

（1）年度发生一次 1 人及以上死亡事故和一级非伤亡事故，取消本年度矿井评比资格；

（2）年度发生一次 1 人及以上重伤事故和二级非伤亡事故，取消本年度班组评比资格；

第 4 条 班组安全建设考核评比矿井满分为 100 分。安全建设班组中抽查 10% 以上，但不少于 10 个班组。在计算总分时，取 10 个以上班组的平均分后，计入总分。

第 5 条 班组建设矿井考核评比分四个级别：80 分以下为不合格班组；80 分以上（含 80 分）为合格班组；90 分以上（含 90 分）为先进班组；95 分以上（含 95）为创新型明星班组。即：A 级（创新型明星班组）、B 级（先进班组）、C 级（合格班组）和 D 级（不合格班组）四级。

义煤集团班组安全建设考核评比标准

表 1

项目	内　容	评分办法	考评分	评定分
组织领导（10）	1. 班组安全建设组织机构健全，有便于操作的实施办法	组织机构不健全，不得分；无实施办法不得分	5	
	2. 班组安全建设按照要求进行、检查、评比、表彰、奖励，并严格落实	检查、评比、表彰、奖励，有一项没落实，扣 1.5 分	5	
安全生产管理（50）	1. 18 项安全生产管理规章制度健全	缺一项管理规章制度扣 2 分	5	
	2. 把“两述两化”纳入考核内容	现场检查，发现 1 处执行不好或 1 人叙述、描述不熟练扣 0.5 分	3	
	3. 安全生产责任制度健全，并严格执行	缺一项制度扣 2 分，一项执行不到位扣 1 分	5	
	4. 推行班组安全生产风险预控管理	没有制度不得分，一项不落实扣 1 分	5	
	5. 班组安全网络小组健全	没有小组成员不得分，工作开展不到位扣 0.5 分	3	
	6. 完善班组安全生产目标控制考核激励约束机制	制度不完善扣 2 分，考核不到位扣 0.5 分	3	
	7. 加强班组安全信息管理，建立健全班组信息管理系统，记录资料齐全	一项管理不到位扣 1 分，记录资料齐全扣 0.5 分	3	
	8. 班组要做好班前会、班评估、班后讲评工作，并有记录；区队要进行月总结考评，制定奖惩办法		3	

续表

项目	内　容	评分办法	考评分	评定分
安全生产管理（50）	9. 无隐患班组建设有方案，有落实，无“三违”	没方案不得分，一项落实不到位扣0.5分，1人次扣1分	3	
	10. 严格落实班前会制度，严格执行交接班制度	没记录不得分，一项执行不到位扣0.5分	3	
	11. 充分发挥煤矿群监岗网员和安全生产监督员的作用	查记录，没开展工作1分，工作不到位扣0.5分	5	
	12. 搞好安全质量标准化动态达标	现场检查，一处隐患扣0.5分	3	
	13. 加强隐患排查治理	查资料记录不具体详细扣0.5分	3	
	14. 突出班组现场指挥权益	有违章行为不得分	3	
安全文化建设（15）	1. 全面落实职工安全生产十项权利	一项落实不到位扣0.5分	5	
	2. 加强班组安全文化建设。积极开展切合实际、形式多样，体现班组特色的安全文化活动	查记录资料，缺项内容扣0.5分	5	
	3. 积极开展班组安全技术革新。鼓励职工广泛开展安全生产小发明、小创造、小改造等安全技术革新和管理创新实践活动	查记录资料，没有具体活动内容扣2分，没实际效能扣0.5分	5	
	1. 10项班组安全质量任务台账齐全	缺1项台账扣1分，内容不齐全扣0.5分	3	
	2. 8项精神文明台账齐全	缺1项台账扣1分，内容不齐全扣0.5分	3	

续表

项目	内容	评分办法	考评分	评定分
各项台账齐全（10）	3. 定期召开职工座谈会，与职工交流思想，帮助解决实际困难，杜绝矛盾纠纷和越级上访事件的发生	检查周期内，有不和谐和越级上访事件不得分	4	
事故控制指标（15）	各单位安全指标按义煤发［2009］1号文考核	1. 年度发生一次1人及以上死亡事故和一级非伤亡事故，取消本年度矿井评比资格。2. 年度发生一次1人及以上重伤事故和二级非伤亡事故，取消本年度班组评比资格	15	

班组安全建设考核评比矿井组别划分

表2

序号	矿井	矿井生产能力等级	划分组别
1	耿村煤矿	400 万吨/年产	A
2	常村煤矿	220 万吨/年产	A
3	千秋煤矿	210 万吨/年产	A
4	杨村煤矿	170 万吨/年产	A
5	跃进煤矿	150 万吨/年产	A
6	新安煤矿	150 万吨/年产	A
7	义安公司	120 万吨/年产	B
8	铁生沟煤矿	105 万吨/年产	B
9	石壕煤矿	90 万吨/年产	B
10	义络公司	60 万吨/年产	B
11	观音堂煤矿	45 万吨/年产	B
12	曹窑煤矿	42 万吨/年产	B
13	天新公司	30 万吨/年产	C
14	华兴公司	30 万吨/年产	C
15	李沟公司	30 万吨/年产	C
16	新义公司	在建矿井	C
17	孟津煤矿	在建矿井	C

附录二

关于开展班组建设“星级攀升”竞赛活动的通知

义工字〔2010〕9号

所属各基层工会：

为认真贯彻落实集团公司2010年职代会精神，进一步加强班组安全建设，提升基层管理水平，夯实基础建设，推动集团公司安全生产管理上水平、上台阶。集团公司工会决定在全公司范围内开展班组建设“星级攀升”竞赛活动。现通知如下：

一、指导思想

以创建安全型、高效型、技能型、文化型及和谐型班组为目标，以开展班组建设“星级攀升”竞赛活动为载体，不断提高班组安全管理水平，提高职工安全素质和自我保护能力，充分调动职工群众参与、监督安全管理的积极性，切实保护好职工群众的生命健康权益，为实现集团公司安全生产事故零目标做出积极贡献。

二、活动主题

“安全生产在班组，人人都是安全员”

三、开展范围和创建目标

开展范围：在17个生产矿井（本埠矿井）和6个地面单位中开展（义翔铝业、豫建公司、永兴公司、顺昌热电、金马重机、水泥公司）。

总体目标：通过开展班组建设“星级攀升”竞赛活动，公司班组建设制度完善，机制健全，管理形成规范化、制度化；职工队伍整体素质得到普遍提高，技术技能进一步增强；班组在企业生产经营中的地位与作用得到提升，工会基层组织建设进一步夯实，工会作用在基层组织中得到有效体现，作用更加突出；全公司“安全先进班组”班组逐年递增，基层先进团队逐步形成。

四、主要内容

（一）班组安全建设

以“五个到位”（安全措施到位、现场管理到位、干部带班到位、监督检查到位、责任追究到位）为统领，全面落实班组安全生产各项管理制度，不断夯实安全基础。严格班组安全生产定员管理，严格控制作业人数，严禁超定员生产。认真落实班组作业现场安全生产主体责任和职工岗位安全生产主体责任，减少和杜绝“三违”，从源头上预防安全事故发生。推行班组安全生产风险预控管理。完善班组安全生产目标控制考核激励约束制度，将安全生产作为推优评先、效益工资分配的“一票否决”指标。

（二）班组生产建设

完善以班组长为核心的生产指挥、组织协调、岗位协作等职能，强化班组生产目标管理，细化、量化工作任务，增强班组生产管理的计划性、可控性。围绕生产任务，广泛开展多种形式的劳动竞赛。大力推行成本理念践行活动。建立健全以岗位责任制为主要内容的各项班组管理制度，不断提高班组管理水平。

（三）班组技能建设

以培养高素质、高技能、适应性强的职工队伍为目标，发挥工会“大学校”作用，通过开展岗位培训、岗位练兵、读书自学等活动，激发职工的学习热情，全面提升职工的技能水平、服务水平、协作能力和自主创新能力。把组织职工学习创造作为班组持续创新建设的重要内容，通过建立攻关团队、创新小组、技术骨干学习工作室等形式，增强职工的创新意识和节能减排意识。完善对班组创新成果奖励机制，积极开展提合理化建议、技术革新、发明创造、

"五小"（小改进、小发明、小设计、小建议、小革新）等活动。切实发挥技术骨干学习工作室作用，及时推广应用先进的管理法、操作法。

（四）班组文化建设

完善以弘扬改革创新精神、培育个人愿景、加强感恩教育和提升执行力为主要内容的班组文化建设，制定和完善职工行为规范。要以企业愿景为平台，把职工的个人愿景融入团队的使命中，培育职工共同价值理念和团队意识，建立班组良好的沟通氛围与沟通平台，构建和睦的人际关系，加强班组间的协作配合，努力把班组建设成为一支精干高效的团队。加强班组安全培训和文化建设，培育职工安全生产价值观。大力推行"手指口述、岗位描述"，提高职工应知应会能力，增强职工的综合素质，使班组职工真正做到"不伤害自己、不伤害别人、不被别人伤害、保护别人不被伤害"，为安全生产奠定基础。

（五）班组和谐建设

坚持用科学发展观武装职工头脑，加强职工思想政治教育，遵纪守法教育及企业精神教育。紧密围绕完成企业生产经营任务、提高经济效益等中心工作，结合班组实际做好深入细致的思想政治工作，经常开展职工谈心活动，形成良好的沟通氛围，及时化解矛盾，理顺情绪，解决实际问题。尊重职工的主人翁地位，坚持和完善班务公开、班组民主生活会等民主管理形式，保障职工享有对企业改革发展、班组生产目标任务和各项规章制度的知情权、参与权，对班组工资奖金分配、先进评选等事项的参与权、监督权，以及平等享有教育、培训、职业健康等权利。

五、创建标准

1. 安全生产无隐患、无"三违"，杜绝非死亡轻伤事故发生，实现安全事故零目标；

2. 保质保量完成单位下达的生产目标、成本指标，及其他考核指标；

3. 班组管理实现质量标准化，班组成员技术专业化，学技术、争先进、上等级氛围浓厚；

4. 实施民主管理，班务公开透明，政策执行公平、公正；

5. 班组和谐、团结，职工精神面貌奋发向上，富有朝气，班组工作顺利开展。

六、评选表彰

（一）评选时间、等级及名额

1. 评选时间：班组建设“星级攀升”竞赛活动，每半年组织一次，评选时间定在6月和12月；

2. 评选等级：班组建设“星级攀升”竞赛活动分三个等级，分别为安全合格班组、安全先进班组、创新型明星班组。“安全合格班组”由区队评选；“安全先进班组”由矿（厂）工会评选；“创新型明星班组”由集团公司工会评选。

（二）评选方式及程序

1. 单位申报：班组对照创建标准，填写《“创新型明星班组”申请表》（见附件），向集团公司工会申报；

2. 初评：公司工会组织相关人员进行评选，必要时进行现场审查；

3. 复评：根据各单位的推荐，活动领导评审小组进行复评；

4. 公示：集团公司工会对评选结果，将在“OA”系统进行公示。

（三）奖励及复查

1. 集团公司工会对公示无异议的班组，授予“创新型明星班组”称号；

2. 对获得“创新型明星班组”的班组奖励2000元，获“创新型明星班组”的班组长奖励500元；对开展活动好的基层工会及领导也要给予适当奖励；

3. 对获得“创新型明星班组”称号的班组，将优先申报省级及以上“安康杯”竞赛优胜班组和“工人先锋号”称号。对所有班组均达到“安全合格班组”且有50%的班组达到“安全先进班组”的单位，将优先申报省级及以上荣誉称号；

4. 连续两次获得“创新型明星班组”称号的班组，将直接命名为集团公司“先进班组”；连续两次获得“创新型明星班组”称号的班组长，将命名为集团公司“先进个人”；

6. 活动以月自查、季抽查、半年组织考评的方式进行；每半年对“安全先进班组”和“创新型明星班组”复查一次，经复查不合格的，撤销其称号；

7. 发生重伤及以上安全生产事故的，撤销其称号。

（四）其他事宜

各单位需在6月底和12月底前向集团公司活动办公室报送申报材料。

七、活动要求

1. 提高认识，认真组织实施。各单位、各级工会组织要深刻认识“星级攀升”竞赛活动对促进班组建设和企业安全生产的重要作用，广泛宣传创建活动的重要意义和创建内容，动员和引导企业职工积极参加“星级攀升”竞赛活动；

2. 建立机制，构建防控体系。各单位结合本单位实际研究制订具体方案，各单位工会要在党委领导下认真组织开展此项工作，安检等业务部门要进行全程督导，形成职工人人参与的工作局面。通过创建活动，真正使安全管理的重心下移到班组，安全监督网络覆盖到班组，安全屏障构筑到班组，建立全方位、全天候、全过程的安全防控体系；

3. 抓好载体，选树典型及时推广。各单位要从实际出发，积极探索加强与改进班组建设的新方式、新途径；同时，要及时总结经验，培养和树立典型，真正选拔出一批“叫得响”的明星班组，在集团公司以及更大的范围内推广其先进经验。通过创建活动，进一步丰富班组安全建设活动的内容和形式，从而全力推动集团公司安全事故零目标的实现。

二〇一〇年三月十八日

附件

“创新型明星班组” 申请表

单位名称			
班组名称		班组长姓名	
班组职工人数		联系电话	
企业班组总数		所属行业	
申报级别			
主要工作：			

基层单位意见	公司工会意见	评审小组意见
年 月 日 （盖 章）	年 月 日 （盖 章）	年 月 日 （盖 章）

附录三

关于强力推进班组建设活动的指导意见

义煤发〔2011〕60 号

班组建设是集团公司的一项战略性、系统性、长期性工程。班组建设是企业发展的根本基础，是企业基业长青的根源，是成就卓越企业的核心工程。为了贯彻落实全国煤矿班组安全建设推进会精神，给义煤集团实现科学跨越奠定坚实的基础，集团公司决定进一步强力推进班组建设活动，现提出指导意见如下：

一、总体思路

强力推进班组建设的总体思路为以强力推进班组管理为主线，突出抓好三个环节（班子合力、部门联动、区队主体），重点强化三项重点（激励机制、典型引领、丰富内涵），落实一个办法（《集团公司班组安全建设实施办法〈试行〉》以下简称《实施办法》）。按照《集团公司班组安全建设考核标准〈试行〉》（以下简称《考核标准》）的要求创造性地开展工作，推动班组建设基础更加扎实、方法更加科学、效果更加明显。

二、工作重点

（一）进一步强化部门联动机制

各单位要结合实际，健全以党委为主导，行政为主体，工会协调组织，相关部门（工会、安康部、人力资源部、企管部、新闻中心等部门）联动的班组建设工作机制。工会作为牵头部门要在班组建设中履行（参与）办法制定、工作整体规划、督导落实、组织季度检查考核（奖惩兑现）、实施年度总结评比等职能，最大限度地发挥协调作用；安康部要把班组建设纳入安全管理的重要工作内容之一，要有具体工作安排；人力资源部要把落实班组长经济待遇和政治待遇作为工作重点，将班组长纳入本单位的人才库管理，为班组长的成长提供条件；要将班组长的培训纳入中长期培训计划，有计划、有步骤地对班组长进行业务技能、管理能力和科学文化知识培训，着力提升班组长和职工队伍整体素质。企管部要将推动班组科学管理作为重点，逐步提高班组管理水平。新闻中心要大力弘扬宣传班组建设中的先进典型，营造重视、参与、推动班组建设向更高层次推进的舆论氛围。

（二）强调突出基层区队的主体作用

在班组建设这项系统工程中，班组长和基层职工是直接参与者、实践者，区队长（分厂厂长）则是支持者、推动者。缺少了区队长（分厂厂长）的重视、支持和指导，班组建设难以高效落实。班组建设对区队级干部提出了新课题、新使命、新要求，区队干部要加强学习、深入实际，积极探索研究班组建设工作，努力为班组长搭建工作平台，提供智力和资源支持。提倡以公推公选、直选等方式将真正有能力有水平的职工提拔到班组长队伍中，并尽一切可能为班组长的工作提供支持和帮助；建立健全包括班组绩效考核、民主管理、群众安全监督检查等制度在内的班组管理制度，规范班组各项日常管理工作，实现班组的制度化管理；面对新要求，区队长要扑下身子、身体力行，指导班组将安全管理、生产任务、质量管理、成本管理等各项工作要求逐一落实到班组、现场，落实到每一个职工，形成“事事有人管，人人都管事”的精细化管理工作模式，并严格考核，落实兑现，以此促进区队管理、企业管理上水平。

（三）全面提升班组素质

强力推进班组建设的根本目的是全面提升班组长素质。首先，从班组长的选拔任用上不断探索，积极稳步地推进班组长公开选拔制度，落实班组长薪酬分配、班组建设抵押制度和各项政治待遇，调动班组长投身班组建设工作的热情；积极推广、落实大学生进班组活动，让大学生在实践中尽快提高实际工作能力，影响带动班组素质全面提高，实现大学生实践能力与职工整体素质的双向提高。其次，从班组长队伍培训、塑造上狠下工夫。通过集团公司集中培训与矿自行培训（集团公司提供统一培训教材）的形式，努力做好矿队级领导的培训，以提高矿级、区队级领导对班组建设工作的认识；通过集团公司人力资源部门与矿人力资源部门的上下联动，有计划，有步骤地做好班组长的业务技能与管理能力培训，提高班组长的综合能力；通过开展形式多样的学习交流活动，使广大班组长开阔视野、拓展思路，提高安全、技能、管理和文化素质。同时，在集团公司上下大力开展职工读书、导师带徒、岗位练兵、技术比武等活动，调动职工学习成才、学技成才的积极性，提高包括班组长在内的职工队伍整体素质，以促进企业整体管理水平再上新台阶。

（四）丰富班组建设活动内涵

所谓的班组建设不仅仅体现在班组的安全建设、生产任务、质量管理等方面，现代班组建设还关乎企业的文化建设、和谐社会建设、高素质职工队伍建设和企业的创新活力开发、最基本竞争能力塑造。因此，在班组建设工作中，要不断充实扩大班组建设工作内涵，积极推进班组民主建设、文化建设，在完善班组制度化、规范化管理的基础上，要注重班组的潜能机制、团队建设机制和经验分享机制的开发和应用，以此推动班组建设向更高的层次提升。

（五）注重发挥班组典型示范引领作用

各单位、各部门在班组建设活动中结合工作实际创造性地开展工作的前提下，理应不断完善班组建设工作机制，寻找有效载体，选树培养不同方面的典型，形成一批安全型、高效型、创新型、文化（学习）型、和谐型等各具特色的不同的先进典型，并充分利用各种媒体，利用多种形式宣传班组建设中的好思路、好机制、好载体，使典型的示范引领作用得到更加充分的发挥。并通过召开班组建设现场会、经验交流会、《班组建设动态》简报、网络等平台，总结、宣传班组建设典型工作经验，推广班组建设先进工作模式，实现班组建设的信息交流和资源共享。

三、工作要求

（一）提高认识，加强领导

企业是大树，班组是枝干；企业千条线，班组一线穿。企业所有的管理思想要在班组体现，卓越企业的核心基础管理在基层、在班组；班组作为企业战略和文化落地的基本载体，是企业发展存续的基础细胞，是企业发展的根基。搞好班组建设是对企业细胞的建设和维护，有利于激发企业健康良性的高效运营。

各级领导，特别是各单位党政一把手，要充分认识班组建设对于企业长久发展的重要意义。进一步明确“不重视班组建设的领导不是合格领导，班组建设不合格的单位是不放心单位”的工作理念，特别是行政正职，要高度重视班组在安全生产中的基层基础地位，把班组建设工作作为一项基础性工作抓紧、抓细、抓实，抓出效果。进一步明确分工，班子成员职责明确，工作到位，真正形成班子成员对班组建设齐抓共管的合力；进一步研究方法，对班组建设作出系统科学的规划，形成独具本单位特点的行之有效的一整套管理办法；进一步推动落实，把班组建设纳入安全生产、经营管理等企业管理全过程，实现班组建设的日常性管理；进一步丰富班组建设的内涵，班组建设要从单纯的安全生产管理向班组的文化建设、民主管理等全方位延伸，以现代的班组建设促进卓越企业的构建，以创建强大的班组队伍促进企业的强势发展。

（二）严格考核，奖罚兑现

树立“班组是企业目标与决策实现的第一阵地，班组长是卓越企业的第一管理者”的理念，明确基层管理工作的核心在于基层班组建设的思想，从而将管理的重心下移到班组，关口前置到班组。而按照《考核标准》全面贯彻落实《实施意见》，则是班组建设工作能否发挥有效作用的重中之重。《实施意见》和《考核标准》是经深入调查研究，广泛征求各部门、各单位意见的基础上形成的，具有较强的时间性和可操作性。各单位要从加强企业基层基础管理工作的高度，围绕《实施意见》创造性地开展工作，把40条考核标准逐一落实到实际工作中去并进一步充实完善考评标准，切实将“三级”考核机制落到实处。继续严格执行集团公司对基层矿（厂），基层矿（厂）对区队，区队对班组的定期考核与不定期抽查的“三级”考核制度，真正做到制度透明、标准透明，操作规范，考核公开、公正、透明，奖惩兑现及时到位。

班组建设是集团公司的一项重要管理活动，必须依靠科学的管理来完成。班组建设的目标是班组整体素质的提高，重点是建立健全完善的激励机制和考核机制。班组建设责任抵押制度要全面落实到班组长，用激励机制调动和提高班组长在班组建设工作中的积极性和责任心。集团公司班组建设工作机构要严格依照《实施办法》和《考评标准［试行］》的要求，按季度对参赛单位进行考核与奖惩，各单位全年开展班组建设情况考评结果将作为年终评选先进单位的重要依据之一。

（三）注重创新，拓展内涵

班组建设中的“三个环节、三个强化、一个落实”是一套系统的工作方法和统一的整体。强力推进班组建设活动，是班组建设的基本要求；抓好班子合力、部门推动、区队主体三个环节，是班组安全建设的根本保证；强化激励机制、做好典型引领、丰富活动内涵，是班组安全建设的重要方面。抓好《实施意见》和《考核标准》的落实是做好班组建设工作的关键，只有把这些工作做好了，班组建设才能形成综合推进、全面发展的良好工作局面。

班组建设的工作过程是一个不断探索、不断创新的过程，各单位要结合本单位特点，探索符合实际的班组管理新模式、新途径，进一步研究加强班组安全建设的系统化工作思路与方法。在总结过去经验的基础上，制订班组安全建设方案，创造性地把“三个环节、三个强化、一个落实”等工作落到实处，使推进班组建设的过程，成为企业不断创新、不断进步、跨越发展的过程，以班组建设的强力推进，促进卓越团队的构建，促进卓越企业的构建，为实现义煤集团的强势发展奠定基础、创造条件。

二〇一一年一月二十五日

附录四

2012 年义煤集团班组建设考核评比标准

项目	考核标准	标准分数	评分办法
一 班组建设管理 20分	1. 制定符合本单位实际的《班组建设实施办法》、《考核细则》和《班组建设考核抵押办法》，并严格落实；及时上报本单位班组建设信息	3	机构不健全或没有专职人员扣 0.5 分；套用集团公司《办法》、《细则》的，扣 1 分；班组抵押没有覆盖到班组扣 2 分，没有班组建设简报，扣 1 分；上报信息少报或不报，扣 0.5 分
	2. 推行班组安全生产目标控制考核激励约束机制，完善结构工资制度；班组管理实行安全一票否决；发生安全事故，沉淀班组长当月安全责任抵押金	3	没有制定安全生产目标控制考核激励办法，扣 1 分；没有进行考核工作且兑现抵押的，扣 1 分；若发生安全事故，没有沉淀班组长当月抵押金，扣 2 分
	3. 按要求填写文明台账和质量台账齐全，并记录认真、重点突出。建立班组安全信息管理系统，做好安全生产信息记录，提高班组信息管理水平	2	台账设置、填写没有突出重点扣 1 分；没有填写班组出勤、安全质量、隐患排查治理、职工到岗或填写不认真扣 1 分
	4. 班组长的任用实行双重管理。解聘班组长，基层单位研究后，需报请矿工会主席或安全副矿长同意	2	没有对班组长实施双重管理，扣 1 分；班组长解聘没有报经工会主席或安全矿长同意，扣 1 分

续表

项目	考核标准	标准分数	评分办法
一　班组建设管理　20分	5. 班组长认真履行本岗位职责、业务，严格落实班组岗位安全生产责任制；认真开展安全意识薄弱人员排查活动	2	班组长不认真履行职责，扣0.5分；没有开展安全意识薄弱人员排查活动或没有建立排查记录扣1.5分
	6. 建立班组长选拔任用管理和激励机制，逐步实行公推公选，将其作为后备人才统一管理，并定期进行班组长评议；建立鼓励大中专毕业生从事班组长工作的机制	2	没有建立班组长选拔任用和激励机制、没有建立并实施大中专毕业生鼓励制度，不得分；没有实行公推公选扣1分；没有将班组长作为后备人才管理，扣1分；没有评议班组长，扣1分
	7. 制定班组安全生产目标，及控制考核激励约束机制健全；开展安全技术革新，广泛开展小发明、小创造、小改造等技术创新活动	2	班组安全生产目标不明确，扣1分；管控考核不到位、奖惩不兑现，扣0.5分；没有开展安全技术革新活动、资料不全，扣0.5分
	8. 按照《关于印发〈义煤集团群众安全工作实施意见〉的通知》之要求，严格落实群监员、协管员待遇和安全生产保护相关工作人员待遇；定期召开群监员会议，并充分发挥其职能	2	没有落实群监员、协管员待遇和生产保护人员相关待遇，扣2分；查工作计划、记录，会议记录不认真，扣1分；群监员职能发挥不充分，扣1分
	9. 严格执行互保联保制度，签订联保、互保责任书；定期开展安全协管进班组活动	2	没有开展此项活动，扣2分；签订联保、互保责任书不规范或代签，扣1分

续表

项目	考核标准	标准分数	评分办法
二 安全生产管理 40分	1. 各单位“班组建设”安全考核按照集团公司义煤发【2012】1号文执行	10	矿井若发生一次1人及以上死亡事故和一级非伤亡事故、地面单位发生一次1人及以上和重伤事故、二级非伤亡事故，扣10分；取消本季度矿井评比资格，并沉淀有关人员班组建设责任抵押；矿井发生一起重伤扣4分；发生一起轻伤事故扣2分；矿、区队未建立事故台账或记录虚假扣5分
	2. 落实事故报告和处理程序，按照“四不放过”原则做好调查处理；做到持证上岗、按章操作；杜绝“三违”、帮教到位	5	落实安全事故责任追究制度不彻底，未严格落实“四不放过”原则，发现有一项未落实扣2分；矿井或区队隐瞒事故或未按照规定要求进行事故考核扣3分；发现一个“三违”扣1分；一个无证扣1分；未开展“三违”帮教活动扣1分
	3. 各矿井实现“七零”奋斗目标〔即：人身安全事故为零、机电设备运转事故为零、工程质量事故为零、顶板事故为零、瓦斯超限（突出）为零、自然发火为零、水害事故为零〕	5	矿井未建立目标活动考核方案扣2分；无考核或考核不认真扣2分。发生一次煤与瓦斯突出事故，扣5分；瓦斯超限一次，扣2分；发生一次着火，扣3分；发生一次冒顶事故，扣3分；发生一次机电设备运转事故，扣2分

续表

项目	考核标准	标准分数	评分办法
二 安全生产管理 40分	4. 按照安全生产“四十无”和“十个就是事故”理念，提升安全管理和规范职工安全行为。严格落实《规程》和各项《安全技术措施》，严禁无措施、套用措施或万能措施施工	3	检查发现有违反“四十无”和“十个就是事故”扣2分；一人次对“理念”不清楚扣1分。“规程、措施”的制定、会审、签字、没有按照“十个环节”执行扣2分；贯彻学习发现一人未参加或未签字、代签扣1分；未严格按照规程或措施施工扣3分；无措施、套用措施或万能措施施工扣3分
	5. 建立安全绩效考核制度，推行“无隐患班组”建设管理，每周进行班组职工安全意识和安全隐患综合分析	4	“无隐患班组”建设无方案扣2分；未考核或不落实的扣2分；每周末进行职工安全意识或安全隐患综合分析扣2分；综合分析不到位扣1分
	6. 加强隐患排查治理，结合矿井安全指数评价系统，实行班组安全隐患评估工作方法；严格执行班前会、班评估和班后讲评工作制度；严格班组长隐患汇报制度	4	班组安全隐患评估工作法落实不到位扣1分；落实班组班前会、班评估和班后讲评工作制度，落实不到位扣1分；记录不认真扣1分；发现有一次班组长未填写隐患卡、班中回报不及时扣1分；现场存在未及时处理扣2分
	7. 积极创建班组安全精品工程，安全质量标准化保持动态达标；工程质量优良；班组生产任务完成率达100%；班组成本控制在指标范围内	4	未对班组质量进行考评或考评不认真扣2分；现场检查，发现每一分项一处不达标扣1分；生产任务未完成扣1分；成本指标未完成扣1分

续表

项目	考核标准	标准分数	评分办法
二 安全生产管理 40分	8. 组织开展班组岗位技能竞赛活动和节支降耗活动；并及时兑现奖惩；对《两述两化》、《煤矿安全知识顺口溜100句》职工必须达到熟记、会背。并开展班组《两述两化》、《煤矿安全知识顺口溜100句》为主要内容的安全知识竞赛活动	2	未建立班组岗位技能竞赛活动方案和节支降耗活动目标扣1分；查资料，未开展活动或奖惩不能按时兑现，扣1分。材料消耗超指标5%扣1分；超指标10%的该项不得分；没有开展班组《两述两化》、《煤矿安全知识顺口溜100句》为主要内容的安全知识竞赛活动扣1分；一人次没有达到熟记、会背扣1分
	9. 实行采区、采掘面“限员挂牌”制度、班组长带班、交接班制度、“一班三检”和班前、班中现场安全确认制度；开展班中巡回检查，包括设备、工艺、流程、安全设施等，及时发现和消除事故隐患	3	采区、采掘面“定员、限员”制度落实不到位扣2分；“一班三检”和现场安全确认制度执行不到位或无记录扣1分；班组长交接班落实不到位，发现一次扣1分；发现一条隐患或处理不及时，扣1分
三 安全培训 12分	1. 组织班组长严格按计划参加培训；培训率达100%，岗位、技能标准必须达到规范要求，持证上岗率达100%（培训包括送培和自培）	2	没有开展班组长培训工作，不得分；每有一人次未参加培训扣1分
	2. 建立班组长培训档案（送培和自培的情况），详细记录班组长的培训情况及学习考核情况，考核资料应有矿、培训机构、本人签字的档案资料	3	没有培训及学习考核档案，扣2分；档案及培训资料管理不规范扣1分

续表

项目	考核标准	标准分数	评分办法
三　安全培训　12分	3. 完成集团公司及上级培训计划，制定班组长、班组成员的培训计划，定期开展班组长培训活动（培训包括送培和自培）	4	未完成上级培训计划的，扣1分；没有班组长培训、计划，扣1分；没有进行班组长培训工作，扣1分（培训包括送培和自培）
	4. 定期开展班组长经验交流会或座谈会（结合单位实际情况），努力提高班组长管理能力，并着力开展师带徒活动	3	没有开展班组长交流会和座谈会，不得分；会议记录不认真、不规范，扣1分；没有签订师带徒活动或不开展活动的，扣1.5分；签订不规范扣0.5分
四　民主管理　18分	1. 不断完善民主管理制度，民主选举产生工会小组长；工会小组长积极履行工会小组长职能	4	没有制定《班组民主管理办法》，扣2分；工会小组长不是民主选举产生的，扣2分；工会小组长不能履行其职能，扣1分
	2. 由工会小组长主持全体职工召开班组民主管理会，每月召开一次；班组民主管理会议及活动情况，要有记录、有检查、有处理结果	5	没有按照班组民主管理制度召开班组民主管理会，扣2分；会议记录不规范，扣1分；没有检查和处理结果的扣2分
	3. 推行班务公开：公开工时、考勤、薪酬分配方案及工资、奖罚等情况，做到公开、公平、透明；努力做好职工的思想稳定工作	5	没有按照要求实现班务公开不得分；没有公开栏，不及时公开班务，扣3分；班务公开少一项，扣1分；有职工反映班组班务情况，经核实，扣4分
	4. 每季度开展民主评议班组长工作；并通报评议情况；班组长定期向民主管理会通报班组工作情况及重要事项	4	没有按要求开展民主评议班组长工作不得分，每少开展一次民主评议工作，扣2分；每少通报一次，扣1分；班组长向民主管理会每少通报一次，扣1分

续表

项目	考核标准	标准分数	评分办法
五 班组思想工作 10分	1. 矿（厂、公司）开展的思想政治工作，有涉及班组思想工作内容，做到有检查，有考核，有结果；全力促进企业精神文明建设，培养与企业发展相适应的“四有”职工队伍	3	没有涉及班组思想工作的，不得分；没有指导班组开展思想教育工作，扣2分；发生一起社会治安案件，扣1分；发现一人次违纪现象扣1分
	2. 做好企业精神的宣贯工作，开展以“感恩文化”系列活动为主要内容的班组文化建设活动，形成“真诚、同心、感恩你我他”的良好氛围	3	没有开展学习贯彻集团公司双“三会”精神，扣1.5分；没有开展感恩文化活动，扣1分；活动形式单一，扣0.5分
	3. 班组长针对班组职工实际情况，制订学习计划，安排学习内容，组织班组职工每周开展一次学习活动，着力创建“学习型、技能型”班组，全力提升职工综合素质	2	没有制定“学习型、技能型”班组创建计划、方案，扣1分；有计划、无安排、无落实，扣1分
	4. 加强思想教育工作，开展有针对性的思想沟通、交流、谈心等工作；加强班组文化建设，培育爱岗敬业、争创一流、团结和谐的团队精神	2	没有开展针对班组成员思想工作，扣1分；没有在班组开展文化活动，扣1分

附录五

关于印发《义煤集团班组建设工作条例（暂行）》的通知

义煤发〔2012〕296号

集团公司所属各单位：

为进一步强化和规范集团公司班组建设工作，加快推进集团公司班组建设工作规范化、制度化，全面加强职工队伍和人才队伍建设，提升企业管理水平，增强基层班组战斗力、执行力和创造力。结合集团公司实际，特制定《义煤集团班组建设工作条例（暂行）》，现下发，望遵照执行。

附件：义煤集团班组建设工作条例

义马煤业集团股份有限公司

二〇一二年八月七日

附件

义煤集团班组建设工作条例

第一章 总 则

第一条 为加强和规范班组管理，提高班组基础管理水平，充分发挥班组安全生产的主体作用，全面实现班组长素质提升，促进班组建设有序健康发展，根据《中华人民共和国安全生产法》、《煤炭法》、全国总工会、工业和信息化部、国务院国资委、《关于加强班组建设的指导意见》等有关法律、法规、文件的规定，制定本条例。

第二条 指导思想：认真贯彻落实科学发展观，以《义煤集团公司班组安全建设实施办法（试行）》为指导，以建设文化型、安全型、技能型、高效型、和谐型班组，激活基层管理者潜能和班组职工潜能为目标，以精细化、数字化管理为抓手，不断完善班组管理机制，增强班组凝聚力和战斗力，更好地为煤矿安全生产服务，确保各项工作任务顺利完成，为实现义煤集团科学发展、和合发展奠定基础。

第三条 工作思路：按照“管理科学、理念引领、技术支撑、投入强基、文化固本、保优创精、保障有力、全面达标、整体提升”的工作思路，全面开创班组建设工作新局面。

第四条 基本原则：坚持班组建设以“塑造本质安全人、打造本质安全岗、锻造一流执行力”的原则，整体提升班组管理水平。

第五条 总体目标：做好方针政策的引领与制定班组建设水平的评价标准。使基层班组理清思路、明确自身班组建设水平，实现

班组任务自组织、问题自修复、工作自驱动、标杆自建树的班组建设目标。

第六条 本条例适应于集团公司所有涉及安全生产的矿井、生产经营单位及班组。

本条例中的“班组”，指直接接受生产区队（车间）下达生产任务的“班组”，非指班以下的作业组。

第二章 班组设置

第七条 本着科学合理、便于管理、适应企业发展的原则，集团公司人力资源部按照国家有关法律法规、行业有关文件、企业制度的规定要求，设置并实行定编管理。

班组设置一般需具备以下条件：

1. 班组建制要在区队（车间）的领导之下，编制要有一名班组长、若干名副班组长，根据生产任务需求合理配置班组成员。

2. 班组一般以工种、专业、设备或工作场所划分，具有相对独立的生产工艺流程。

3. 班组要有较完整的生产任务、经济技术指标统计管理制度，能形成班组核算或具备单独考核条件。

4. 具有配备班组长和副班组长的工作条件。

第八条 班组的设置和变更。班组设置应在基层单位人力资源部门的合理编制范围内，凡因工作需要设置班组或变更班组（合并或撤销）的，由科区队（车间）提出申请，经单位人力资源部门审核批准，并经单位工会主席、安全矿长（安全经理）同意方可变更。

第九条 班组名称

班组规范冠名：

1. 工种加区队（车间）、班组的数字序列。如“采煤一队（车间）二班”；

2. 单位加工种。如：“机电二队电气检修班”，除省级以上有关部门以个人姓名命名的“荣誉班组”外，不得随意更改班组名称和使用班组长姓名代替班组名称。

第三章　班组的任务和职责

第十条　班组的任务

1. 班组的主要任务：全面完成区队（车间）下达的生产计划、成本计划、安全目标，搞好班组经济核算和绩效考核；

2. 严格执行区队（车间）班组安全生产管理制度。班组应建立的制度有：（1）安全检查制度；（2）安全目标管理制度；（3）安全教育培训制度；（4）安全例会制度；（5）安全隐患排查和治理制度；（6）事故汇报和治理制度；（7）安全奖惩制度；（8）现场交接班制度；（9）一班三检制度；（10）师带徒制度；（11）互保联保制度；（12）作业规程传达贯彻制度；（13）班前（后）会议制度；（14）班组和各岗位安全评估制度；（15）岗位练兵技能竞赛制度；（16）设备管理制度；（17）班组民主管理细则；（18）各基层单位认为需要制定的其他相关制度；

3. 通过班组形式多样的业务学习、岗位练兵，技术竞赛等活动，实现班组成员业务素质、思想道德素质全面提升。

第十一条　班组的基本职责

1. 教育、引导职工遵守党和国家的方针、政策、法令、社会公德，遵守劳动纪律，自觉做“四有”职工；

2. 班组现场管理流程化：班前会→现场交接班→安全确认→质量动态达标→隐患排查和安全评估→班后总结和汇报；加强班组管理，认真做好原始记录、凭证、台账、报表和信息反馈等工作；积极推选现代化管理手段和办法，不断提高管理水平；

3. 班组岗位考核精细化：班组以岗位为核心，落实现场精细化管理，严格成本核算和计划管理，开展节支降耗活动，努力降低成本，落实“安全、质量、任务”结构工资，搞好绩效考核，实现班组管理优质高效；

4. 班组工作标准化：以班组为基础单元，加强质量标准化建设，严把现场工程质量关，实现现场动态达标；落实工程质量问责制，及时预防、发现解决工程质量问题，积极开展精品工程创建活动；

5. 民主管理制度化：建立健全班组民主管理制度，实行班组经济核算与班务公开，把行政管理同专业管理、民主管理结合起来，发挥班组职工的主人翁作用，提高参政议政能力；

6. 激活细胞多元化：组织班组职工积极参与小革新、小发明和技能竞赛活动，总结推广先进经验，开展“合理化建议”活动，全面、均衡完成行业计划、任务；组织班组职工开展劳动竞赛活动，调动班组职工的生产积极性，不断提高职工业务技术水平；

7. 职工权益合法化：认真执行劳动保护法规，落实班组成员合法权益维护制度。（1）落实事故应急预案及演练，指导班组成员掌握紧急情况下自救、互救、避险、联络和集体撤离常识；（2）支持班组成员正确行使“六项权利”，保障安全设施、劳动保护措施正常运行；（3）关心职工健康和生活，搞好互助互济，开展各种有益的文体活动；

第四章　班组长的任职资格与选聘

第十二条　任职资格

1. 具有过硬的思想政治素质，恪守职业道德，维护企业利益，集体观念强；

2. 善于搞好团结，具有较强的事业心和上进心，身体健康，并具有较高的业务技术素质和组织协调能力，会管理，能带领群众完成本班组的各项生产工作任务；

3. 熟悉生产，懂业务，有文化，肯学习。具有从事本专业 3 年以上工作经历，同等条件在班组长岗位人员优先聘用；

4. 坚持原则、敢于负责、作风正派，办事公道，具有一定的群众基础和群众威信；

5. 鼓励大中专学生应聘班组长，其任职条件可以适当放宽；

6. 初次任职时年龄一般不超过40周岁，应具备高中（相当于高中）以上文化程度或中级工以上职称，个别达不到要求的，按照集团公司班组长培训规划，在3年内逐步实现班组长任职资格实现中专以上文化程度。

第十三条 选聘与解聘

1. 班组长的选拔，提倡和鼓励以“公推公选”形式，采取个人自荐、组织推荐、竞聘上岗，或班组民主选拔的“直选方式”等办法产生班组长；

2. 班组长的“公推公选”工作，在人力资源部门、工会和安监等部门的参与下进行，由区队具体负责实施；

3. 班组长聘（任）用由科区队（车间）党政联席会议研究，经公示，并报人力资源部门和工会主席、安全矿长（经理）审核同意后聘（任）用备案；

4. 解聘与免去班组长职务，有区队（车间）以书面形式上报备案，基层工会主席、安全矿长（经理）签字同意后生效。

第五章 班组的权利和班组管理

第十四条 班组的权利

1. 生产组织权。根据科区队（车间）的生产作业计划，合理安排作业进度，合理调整生产部署；

2. 安全处置权。发现作业现场有严重的安全隐患威胁工人生命安全健康时，有权停止生产或作业，撤离现场，并及时报告有关部门，对危及人身或设施安全的违章指挥行为，有权拒绝执行；

3. 考核分配权。有权在有关政策、制度的范畴内，按照“按劳分配”的原则，核算班组安全、生产、质量等指标完成情况，参与职工收入分配实施方案；

4. 合理化建议权。对改善劳动条件、搞好安全文明生产、保护职工身心健康等，有权提出合理化建议和技术方案；有权向上级提出对本班组职工的奖惩建议；对不合格的产品、生产原料、工件等，有权提出改进意见和拒绝建议；有权建议推荐本班组优秀职工深造、提拔、晋级；

5. 有权按照班组民主管理会通过的奖金分配方案，对本班组奖金进行分配；

6. 有权根据企业的规章制度，制定本班组的安全生产管理实施细则。

第十五条 班组管理组织形式。班组实行由班长、工会小组长为成员的管理结构组织形式，班组生产和行政工作由班组长主持，班组民主管理工作，由工会小组长主持。班组重大问题，在作出决定之前，应通过班组民主会的形式，广泛听取班组成员的意见。

第十六条 班组长服从科、区队（车间）领导，直接参加单位生产工作，是班组安全生产的第一责任人和班组管理的负责人。

第十七条 班组长的管理

1. 班组长纳入后备人才库管理。在人力资源部门建立班组长工作业绩考评档案，班组长任职期间的履职情况，由单位每年组织考核一次，考核结果由单位人力资源部门备案；

2. 班组长实行聘期制管理，每次聘期为 2 年，可连选连任。建立班组长淘汰机制，班组长的聘用、考核和解聘的条件、程序，由各单位结合实际制定；

3. 凡出现下列情况之一的，应解除或撤销班组长职务：（1）班组发生严重安全生产质量事故的；（2）因管理不当，班组连续 3 个月完不成生产任务的；（3）身患疾病或因其他原因不能胜任本职工作的；（4）克扣截留职工工资奖金的；（5）经组织考核认定为不胜任现职的。对克扣截留职工工资奖金的一律撤职，并报单位纪委、人力资源部门备案。

第十八条 班组长的培训。班组长的培训纳入集团公司培训计划，采取“走出去引进来”的培训理念，以集团公司培训为主，外出送培为辅。各单位要结合实际制订年度班组长培训计划，每年对班组长脱产或半脱产培训一次，累计培训时间不少于48学时。

第十九条 班组长待遇

1. 班组长在选拔管理人才或培训技术人才以及调资、晋级等同等条件下具有优先权。优先从表现突出的班组长中选拔区队长；优先在一线班组长中发展党员；优先安排班组长外出培训和外出疗（休）养，在各单位先进、劳模表彰上，班组长骨干要有一定的比例；

2. 班组长待遇在绩效考核分配过程中予以体现；

3. 集团公司所有涉及安全生产的矿井、地面厂（公司）生产经营单位实行班组安全风险抵押金制度。风险抵押金的标准和办法，由各单位结合实际制定。

第六章 班组的民主管理

第二十条 班组民主管理。

1. 按照《企业民主管理规定》和《河南省企业职工民主权利保障条例》等有关要求，开展班组民主管理工作；

2. 班组民主管理会议制度。定期召开班组民主生活会，由工会小组长主持，围绕涉及职工切身利益的，在民主和谐的前提下，按月或按季研究和讨论并形成班组的建议和决定；

3. 班务公开制度。班务公开制度健全，设立班务公开栏，对职工出勤、工资奖金分配、疗养、评选先进、提拔晋级等事项，按规定要求定期公开。

第七章 优秀班组和标杆班组

第二十一条 优秀班组标准

（一）团队建设好

1. 注重培养班组成员的团队意识和集体观念，充分发挥班组成员自主、自发、自觉管理的能动性，使每一位职工能够自发的按章操作，主动参与班组管理，最大限度地激发职工的工作潜能，增强班组的凝聚力和战斗力；

2. 利用多种形式加强改进班组思想政治工作，充分调动职工积极性，形式新颖，效果明显；

3. 坚持开展职业道德教育和优良传统教育，做到深入人心，促进职工行为文明养成；

4. 制定切合实际的班组发展愿景及班组成员发展目标；班组文化特色鲜明，经常性地组织开展形式多样的班组文化活动。

（二）责任落实好

1. 班组组织机构健全，班组长配备齐全，按规定培训并具备相应资格，职工学习并认真执行；

2. 实行班组长安全生产负责制。经济核算员、安全检查员、质量监督员、群监员等按照各自的职责分工抓好工作，作用发挥明显；

3. 各岗位、各工种的安全工作程序和工作标准完善，实行风险超前预控，提高职工对生产作业中出现的各种不安全因素的认知和防范能力；

4. 实行班组安全生产目标考核制度，完善安全、生产、效益结构工资制，加大安全构成比重，严格考核奖惩；

（三）学习技能好

1. 组织本班组职工积极参加区队和矿组织的安全教育、岗位技能培训和政治理论学习，搞好班组内部培训，职工应知应会考试符合要求；

2. 积极参加特种作业人员、新增及转岗人员培训，持证上岗率达到100%；

3. 组织开展“一帮一”和“导师带徒”活动，技术较高的职工与技术较差的职工结对子；

4. 积极参加各级各类岗位练兵、技术比武活动，职工技术业务素质明显提高；

5. 广泛组织开展以“五小”科技攻关为主要内容的群众性经济技术创新活动，动员和发动班组职工围绕班组管理、安全生产、技术创新、节能减排等方面提合理化建议，效果明显。

（四）安全质量好

1. 认真落实岗位安全责任制，严格执行安全规程、设备操作规程，遵守劳动纪律，职工无“三违”行为；

2. 班组定期开展安全教育活动，职工熟知岗位安全职责及操作规程、岗位应知应会基本知识，了解本岗位及周围存在的风险因素和职业危害，具备应急反应、处置、自救和防护的能力；

3. 开展各项班组安全活动，严格执行班前会和交接班制度，做到安全注意事项不讲明不下井、责任不明确不下井；

4. 搞好安全质量标准化动态达标。积极开展安全质量标准化工作，推行作业现场精细化管理；每班对作业现场工程质量、岗位工作质量进行验收和评估，实现动态达标，积极创建安全精品工程；

5. 按规定开展巡回检查，包括设备、工艺、流程、安全设施等，及时发现和消除事故隐患；

6. 职工安全意识和技术业务素质明显提高，杜绝“三违”现象、人身伤亡事故。

（五）任务完成好

1. 圆满完成上级下达的安全生产任务，效率高、效益好；

2. 工程质量达到时时验收、时时合格，矿和集团公司验收达到行业标准；

3. 材料消耗完成节本降耗指标，无“跑、冒、滴、漏”及丢失材料等资源浪费现象；

4. 班组职工精神面貌好，班组内团结和谐、互助友爱，杜绝各种违法违纪和不文明行为的发生。

否决指标

凡出现下列情况之一，一票否决：

1. 班组年度内出现严重“三违”；

2. 班组年度内出现轻伤及以上人身事故；

3. 班组工程质量验收不合格；

4. 班组职工有违法乱纪行为被公检法部门查办；

5. 因工资分配未执行民主公开程序被查处。

第二十二条 标杆班组标准

标杆班组在达到优秀班组评选标准的基础上，必须具备以下条件：

1. 本班组连续两年以上（含两年）实现安全生产，职工杜绝“三违”现象，杜绝轻伤以上人身事故和造成较大经济损失的非人身事故；

2. 本班组工程质量达到时时验收、时时合格，经矿、集团公司验收达到行业标准；

3. 按时完成下达的生产任务和节能减排指标，材料费用控制在下达指标范围；

4. 本班组职工技能素质明显提高，在集团公司及以上组织的技能大赛中获得前三名；

5. 本班组学习氛围浓，团结和谐，互助友爱，班组文化建设取得明显成效，在省局及以上推广。

注：被评为“标杆班组”的班组长为“明星班组长”。

第八章 班组建设的组织领导

第二十三条 班组建设工作以党委为主导，行政为主体，工会协调组织，相关部门（工会、安康部、生产与技术装备部、人力资源部、企管部、总调等部门）联动的班组建设工作机制，集团公司和各单位成立班组建设办公室。

1. 集团公司工会负责制定班组建设工作规划，定期听取班组建设工作汇报，分析和解决存在问题，总结和推广先进经验，选树和表彰班组建设工作先进典型；

2. 班组建设办公室负责班组建设日常管理工作，督促基层单位抓好班组建设工作，安排并组织班组建设检查考核工作。

第二十四条 建立领导干部班组建设工作责任联系点制度。

第二十五条 建立班组建设督查制度。定期对班组建设工作进行督查，督促指导基层开展班组建设工作，落实集团公司班组建设工作的各项规定。建立班组建设考核机制，集团公司把班组建设工作纳入到季度考核、单位绩效考核。

第九章 附 则

第二十六条 本《条例》适用于义煤集团公司所属各生产矿井、地面厂公司，资源整合矿井。

第二十七条 生产矿井、地面厂（公司）、兼并重组矿井可以根据本《条例》，结合本单位各自实际情况，制定实施细则，报集团公司工会、人力资源部、安全健康环保部备案。

第二十八条 本管理办法自文件下发之日起执行，解释权归义煤集团。